U0067623

普天之下・盡是好書

凌雲 A-Plus Creative Company 文創

Be Human by Wisdom

說話講謀略

掌握說話訣竅，事情才會辦得更

做事講策略

Be Human by Wisdom

說話辦事篇

斯賓塞曾經寫道：

「我們都很討厭見風轉舵，風吹兩面倒的騎牆派，但是我們卻很喜歡八面玲瓏，說話辦事能面面俱到的人。」

其實，這就是人性最矛盾的所在，因爲「見風轉舵」和「面面俱到」，嚴格講起來是同一種行爲，只不過「面面俱到」的人，見風轉舵的動作比較細膩，懂得在什麼時候該做什麼事，在什麼人面前該說什麼話。

Thick Black Theory is a philosophical treatise written by Li Zongwu, a disgruntled politician and scholar born at the end of Qing dynasty. It was published in China in 1911, the year of the Xinhai revolution, when the Qing dynasty was overthrown.

Thick Black Theory is a philosophical treatise written by Li Zongwu, a disgruntled politician and scholar born at the end of Qing dynasty. It was published in China in 1911, the year of the Xinhai revolution, when the Qing dynasty was overthrown.

左逢源

【出版序】

和別人打交道，要掌握說話辦事技巧

．左逢源

懂得如何說話辦事是絕大多數成功人士的兩大資本，想打開人生的僵局，想開創前程遠景，你就必須成為一名說話的高手，辦事的專家。

法國哲學家拉布呂耶爾說：「有時候，談話的妙處並不在於表達自己的想法，而是在引發別人的想法，讓他主動接受自己的觀點。」

深諳說話的藝術，人與人之間就可以在融洽愉悅的氣氛中，交流彼此的想法和看法。有時候，你和對方並沒有交集，但是，透過巧妙的說話技巧，卻可以讓彼此敞開胸懷，順利達成自己的目的。

想提昇自己的競爭力，和別人打交道，一定要掌握說話辦事的訣竅。

說話是一門技巧性很強的應對藝術，直接影響一個人辦事的成功率。也許，你對這種說法不屑一顧，甚至認爲有些可笑。事實上，你會這麼認爲，是因爲你尚未眞正悟透說話的奧妙。

美國加利福尼亞大學羅伯爾克在《說話的九大力量》一書中說：「說話看起來輕而易舉，就是要把自己要說的意思表達給對方即可。這是絕大多數人的觀點，當然也是一種淺薄的觀點。我只想問這些人一個問題，為什麼有人在應聘的時候，能夠巧妙展現自己說話的藝術，一下子就勾住老闆的心？為什麼有人應答起來張口結舌，像松鼠一樣顫抖，給老闆留下能力極弱的感覺？很顯然，說話起了關鍵性的作用。」

通用公司前總裁傑克·威爾許有一句名言：「員工的說話能力，是素質高低的試金石。」

威爾許歷練豐富、閱人無數，會這麼說，自然有一番道理。因爲，他知道最高

明的說話高手深諳把自己心中的話變爲成功的因子。

說話是聰明人的成功學問。例如，戰國時期「名嘴」張儀和蘇秦就是靠高妙的說話藝術打出了「合縱連橫」的戰術，諸葛亮「舌戰群儒」更是說話的千古一絕的精彩案例。

再如第二次世界大戰時「鐵腕英雄」丘吉爾面臨德軍的強力擠壓，盪氣迴腸的演講激發了英國人民的豪情鬥志，彷彿倫敦整個上空迴盪著「永不放棄，永不放棄，永不放棄……」的戰鬥鼓聲。

試想一下，如果欠缺絕妙的說話藝術，他們豈能成就大事？

本書的特點是：

- 把自己變成一個善於說話的聰明人，用最巧妙的語言，把話說到對方的心裡，為自己順利鑿開一條成功通道。
- 學會臨機應變，把不好說出口的話，透過迂迴戰術，滲透對方的心裡。
- 學會讚美和傾聽，滿足對方的說話慾望，然後再抓住時機，設計地佈置出幾

條可行的套路。

總之，會說話辦事的人知道什麼時候該說什麼，不該說什麼，知道在什麼時候該做什麼，不該做什麼。這些看似尋常，實則蘊含著大智慧、大學問。想要在現實社會中成功，不能光靠埋頭苦幹，還要靠說話的技巧、辦事的能力。

爲什麼對很多人來說，說話和辦事成爲頭等的難題，一張口就會不知所云，一動手就會亂陣腳，導致人際關係不佳？

關鍵就在於，他們沒有把說話與辦事當成一門學問認眞對待，不多加學習，自然難以心想事成。

懂得如何說話辦事是絕大多數成功人士的兩大資本，也是他們成功的跳板。想打開人生的僵局，想開創前程遠景，你就必須成爲一名說話的高手，辦事的專家，讓自己成爲受人歡迎的人！

出版序 和別人打交道，要掌握說話辦事技巧 ●左逢源

01. 懂得說話，便是成功了一半

沒有人會認為，一個穿著整潔卻言語粗俗無禮的人，會是個有風度的人；即使一個人沒有西裝革履，如果談吐不俗，也必定會讓人刮目相看。

說話是一門重要的必修課 018
懂得說話，便是成功了一半 021
你喜歡聽反面的意見嗎？ 024
美麗的藉口是成功的要素 027
迂迴戰術是致勝的關鍵 031
不利於己的話其實對你有利 035
製造輿論達成自己的目的 038
要有勇於認錯的氣度 041
二十種交不到朋友的說話態度 044

02. 說話的態度左右你的前途

如果彼此有不同意見，只需讓他們知道自己的看法就行了，不必和他們激烈爭論，辯得臉紅脖子粗。

先摸清對方的喜好，才能對症下藥 050
責備，是最愚蠢的行為 053
拍拍馬屁，才會討人歡喜 056
說話的態度左右你的前途 060
掌握說話應有的分寸 064
交淺言深會成為你的致命傷 067
如何讓自己的「語言」動聽？ 070
別以為自己沒有「說錯話」 073
謙虛就是最好的防禦 076
不要用舌頭滿足自己的虛榮 078

03.

話題選得好，溝通沒煩惱

每個人都有自己的話題禁區，不容他人擅自闖入。不然的話，後果輕則損害交談，重則傷害感情，甚至導致對立或關係破裂。

話題選得好，溝通沒煩惱 082
如何聽出別人在想什麼？ 086
什樣的人，就說什麼樣的話嗎？ 090
認清自己和別人的心理距離 094
如何用眼睛「聽」別人說話？ 097
用「未來」打造一條生活新路 100
不要老是挑剔別人的毛病 103
讚美，是最有效的溝通 107
用「只有你才能」瓦解對方戒心 110

04.

說話，不要太過情緒化

說話的效果是人際關係的基礎，說話的效果代表各式各樣的人際關係。因為人與人之間的遠近親疏都可以從這些「效果」中呈現出來。

在背後讚美是最高段的恭維 116
如何用妙語讓自己脫離窘境 119
多傾聽下屬心裡在想什麼？ 122
不要曝露自己的秘密武器 126
從說話態度推測一個人的性格 129
別人為什麼把你的話當成耳邊風？ 133
用舌頭塑造自己的形象 137
說話，不要太過情緒化 140
利用「共通點」拉近彼此的距離 143

05. 提防高談闊論的小人

一個人的價值在於他完成了什麼事，不在於他說了什麼話。只會使用華麗的詞藻高談闊論，根本毫無用處，只會惹來別人的陣陣訕笑。

提防高談闊論的小人 148
如何讓自己「出口成章」 151
說話的時候，要看緊自己的舌頭 156
注意談話的十點忌諱 159
誘使對方朝著你的方向走 162
反唇相譏只會傷害彼此的關係 165
裝腔作勢不如裝聾作啞 169
別讓臉色洩漏了你的心思 172
爭論，只會浪費你的生命 176

06.

如何套出別人的真心話？

想瞭解初次見面的人言詞是否真實，或是他對交談話題的關心程度，可以用壓迫性交談的手法，故意與對方唱反調，是最常用的一種方法。

你懂得傾聽別人說話嗎？ 180
小心失言造成的「禍果」 184
如何用幽默來「笑」自己 187
如何套出別人的真心話？ 190
別人為何會「岔開話題」？ 193
真相必須用偉大的謊言包裝 195
溝通，要有點創意 199
沒事不要亂發牢騷 202
「寒暄」不僅僅是打招呼 206

07. 站在對方的立場來說服對方

如果從一開始就強調自己的立場，彼此間的鴻溝就會越來越深，當對方有了對抗的心理狀態時，你是絕對無法說服他的。

站在對方的立場來說服對方 210
讚美不是阿諛諂媚 214
如何讓恭維恰到好處 218
你的話為何「有點冷」？ 222
如何讓別人打開話匣子？ 225
不要在背後批評別人 229
不聽忠告，等於緊勒自己的脖子 233
認錯不會降低自己的威信 237
從別人感興趣的話題開始談起 240

08. 以平常心對待，談話就不會失敗

與名人來往時，對待他們就要像對待平常人一樣。只要有了這種正確的觀念，自然就不會恐懼慌張。

穩固人際關係，為成功打好地基 244
善用談話技巧獲取他人好感 250
避開忌諱話題，使談話順利 255
將錯就錯，「幽」自己一「默」 258
道歉是挽救關係的最佳辦法 261
說「不」也要維護對方顏面 264
藉機巧言，傳達心意 270
以平常心對待，談話就不會失敗 273
寒暄是拓展友誼的關鍵 277

09. 恰如其分地讚美別人

要恰到好處地讚美別人不是一件容易的事，但如果稱讚得體，就能博取對方歡心，快速拉近彼此之間的距離。

善用「公關」打造良好形象 282
改變稱呼方式就能改變彼此距離 288
禮貌得體地使用語言 291
恰如其分地讚美別人 295
根據情境巧妙應答 298
先考慮場合再開口 301
把握要領，成功安慰人心 304
用自我介紹拓展社交 307
打招呼是拓展人際的第一步 311

10. 與其單打獨鬥，不如結合盟友

單打獨鬥闖天下是過時的做法，應當互助合作，結合成利益共同體，才能以最小的產出換取最大的回報。

學會相處是成功的護身符 316
用尊重換取成功 321
審慎選擇朋友，受用無窮 326
建立正確習慣，交友無負擔 331
適度坦白讓你更討人喜愛 336
選對最省力的切入點 339
有心，忘年也可以有好交情 341
與其單打獨鬥，不如結合盟友 344
如何看懂別人的行為語言？ 347
掌握對方性格就可以掌握一切 350

11. 亂拍馬屁，小心被踢

拍馬屁要有些技巧，沒有三兩下子可不能亂拍。拍錯了地方，不但話收不回來，人也會被馬踢得連翻幾個觔斗，可就出醜啦！

「有效拒絕」是保護自己的一大秘訣 354
透視他人舉止，以利人際相處 357
用祝願式言語增進情誼 363
用科學方式解決一切情事 366
亂拍馬屁，小心被踢 369
送禮必須送進心坎裡 373
做人謙虛，更能掌控大局 377
善用談判技巧，最能達到成效 380

01

懂得說話，便是成功了一半

沒有人會認為，一個穿著整潔卻言語粗俗無禮的人，會是個有風度的人；即使一個人沒有西裝革履，如果談吐不俗，也必定會讓人刮目相看。

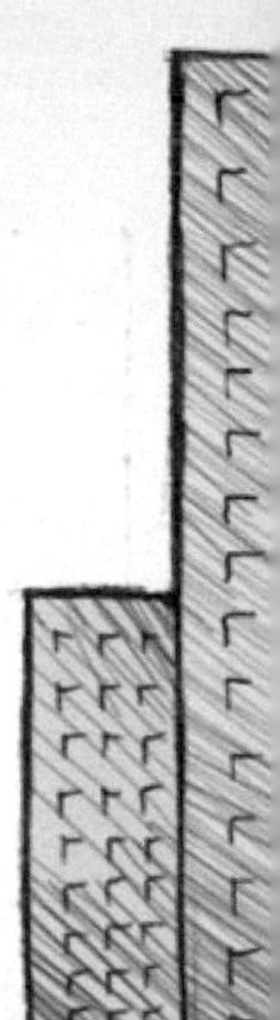

說話是一門重要的必修課

語言是一門藝術，話說得合適，不僅能體現出自身修養的高雅，也能夠很舒服地讓別人接受你的觀點或意見。

語言是人類交流的工具，人與人之間的交往和溝通，都不可能離開語言。語言，可以說是人們傳播知識、交流思想，並將喜怒哀樂等等複雜的情緒與情感傳遞出來的最佳方法。

在現今資訊爆炸的時代，人與人之間的聯繫比以前更爲頻繁，這個頻繁的交往更難脫離語言，語言的重要性不必細說，便可得知。

或許有人會不屑地說，說話有什麼困難的，只要不是啞巴或是剛出生的孩子，誰不會說話啊？

的確，人人都會說話，然而，並不是每個人都能把話說得十分切題，而且還要能說到重點，讓人心有戚戚焉。

越是熟悉的東西越，越容易被人們忽視，也因爲每個人天天都在說話，所以才覺得會說話不是多麼困難的大事。

其實，說話是一門藝術，其中大有學問，俗語不是說：「良言一句三冬暖，惡語傷人六月寒」嗎？

這正是說明了言語的力量，話說得恰如其分，才能如雪中送炭直暖心底；話說得不得體，則令人心寒情傷，如履寒冰。簡單的事情當中，總是蘊含著大道理，所以，說話的藝術正是人人必修的課題！

也許有人會認爲，與一般人說話自然是要注意，對於朋友則不必那麼囉嗦，可以心裡想什麼就說什麼，不用刻意講究。

如果你也這麼認爲，那就錯了。

因爲，朋友也是人，他們與普通人無異，對於朋友，我們反而更要知道一件事：「眞正的朋友是你我最重要的人，然後才是其他的普通朋友。如果，我們對一般人

說話時便懂得小心注意，對自己的朋友則更要注意才是啊！」

一個善於駕馭語言的人，會用語言來交換自己所需要的東西，而現代人也越來越懂得其中的重要性。

其實，話說合宜，不僅能表現出自身修養的高雅，也能輕易地讓人們接受你的意見或觀點，使人願意接近你，提昇自己的溝通、辦事效率。畢竟，沒有人會喜歡那種經常口出惡言的人吧！

說話講謀略，做事講策略

莫洛亞說：「每個人都知道別人在評判自己時會出差錯，卻從不在意自己批評別人的時候也會出錯。」

懂得說話，便是成功了一半

沒有人會認為，一個穿著整潔卻言語粗俗無禮的人，會是個有風度的人；即使一個人沒有西裝革履，如果談吐不俗，也必定會讓人刮目相看。

由於生長環境和所受的教育程度不同，每個人說話的方式也不盡相同。交際時說話應當注意察言觀色，對不同的人應當採取不同的說話方式，並且時時注意變換談話的內容，選擇適合對方的話題，拉近彼此的距離。

有很多人都反對「見什麼人，說什麼話」的做法，認爲那是表裡不一的人才會做的事，是兩面三刀、華而不實的表現。

事實上，只要不是心存惡念，見什麼人還眞要說不同的話。

試想，如果說話不分對象，對待什麼人都用同一種方式或同一種話，那麼勢必

會使程度差異懸殊的人，無法好好地溝通。

有的人性格開朗、豪爽，直言其過或許他也不會在意，如果你說話的時候閃閃躲躲、猶豫不定，必定會引起他的反感，懷疑你爲人不實。

如果，對方性格內向，也較爲敏感，你的話如果直戳痛處，恐怕又會刺傷他的自尊心。對於這樣的人，則宜採含蓄曲折的表達方式，凡事點到爲止，由他親自去體會言中之意，會比較恰當些。

因此，說話是一門學問，是交友時應當注意的事，切不可盲目地以爲，朋友只要心誠，說什麼話無所謂。

其實，「言爲心聲」，往往你不經意的一句話都會使朋友產生誤會。

此外，言語既然是一種交流的工具，便有它的長處，也有它的缺點，正如一池水可以養活魚蝦，也可以淹死活人一樣。

再者，因爲語言具有模糊性和意義不確定的特徵，有時候很容易引起誤會。

一句話可以這麼理解，也可以那麼理解，如果我們說話不注意，很可能會被人們誤解，警覺性不夠的人，還可能直以爲自己說得很好，忘了解開當中的誤會，讓

友情不斷地出現裂痕。

所以，語言不僅是人際交流的最重要的工具，也是溝通辦事的時候最不能忽略的工作藝術之一。

話說得好，不僅是一個人修養水準高的表現，也是一個人增強自己儀表與風度必不可少的因素。

因爲，沒有人會認爲一個穿著整潔卻言語粗俗無禮的人有風度；相反的，即使一個人穿著樸實無華，只要談吐不俗，也會讓周遭的人刮目相看，而這便是說話的獨特與奧妙之處！

說話講謀略，做事講策略

戴爾．卡耐基說：「你傷害過誰，或許早已忘記了。可是被你傷害的人永遠不會忘記你，不過，他絕不會記住你有什麼優點。」

你喜歡聽反面的意見嗎？

聽取下屬的建議，是一舉兩得的事，既可以給人平易近人的感覺，又可以不用花費一分投資，無償地從別人那兒得到不同的看法和思想。

賀拉斯曾經說道：「讓別人的鐮刀心甘情願地割在你的麥穗上，是成功者必須具備的條件之一。」

想要別人幫自己兩肋插刀，一定要掌握說話辦事的各種訣竅，除了必須適時施以小惠，還必須適度在背後讚美。因爲，絕大部份的人都天眞地認爲，對自己有恩的人，就是值得賣命的恩人；在背後讚美自己的人，就是值得付出的朋友。

除此之外，要做一個合格的領導人，要善於徵求、聽取和採納別人的意見，尤其是下屬的意見，獨斷專行是領導者的大忌。

因為，一個領導者能力的強弱，和權力的行使，最重要的關鍵在於是否能能得到下屬們的合作和支持。

獨斷專行是一堵牆，會把你和你的下屬隔離。

領導者不應只停留在被動地聽取下屬們的意見，應該主動刺激和鼓勵他們發表意見，徵求他們表達更多的建議，這是成功領導者的一個顯著的特徵。

在這個問題上，美國鋼鐵公司的總經理賈利爾看得非常透徹，他曾說：「我樂於聽取別人的意見，尤其喜歡聽反面的意見，在這一點上，我超過別人很多。」

因此，作為一個領導，最緊要的是，要在下屬面前放下架子，不要以為自己很能幹，不需要任何人的說明，而聽不進別人和下屬的話。

事實上，聽取下屬的建議，是一舉兩得的事，既可以給人平易近人的感覺，又可以不用花費一分投資，無償地從別人那兒得到不同的看法和思想，何樂而不為呢？

因此，領導者一定要培養聽取下屬們意見的好習慣，不管他們的態度是誠懇的，還是高傲的，意見是成熟的還是幼稚的，採不採納完全取決領導者自身的考量。

在聽取下屬的看法時一定要專心、不能急躁、多疑。

換個角度而言，聽取下屬們的意見，實際上就是在利用別人的腦子替自己激發創意，經由自己的思考、判斷，就可以從中萃取許多有用的東西，爲自己所用，又有什麼不好呢？

說話講謀略，做事講策略

西魯斯說：「我常常因為自己的言語後悔，但從不為自己的沉默而後悔。」

美麗的藉口是成功的要素

美麗的藉口可說是緩和外來壓力最重要的武器。以正確的態度，在不犯法的範圍內，藉著堂皇說詞的幫助，往往能夠獲得令人欽羨的成功。

日本經營之神松下幸之助曾經說道：「任何事物，都有它的獨特性和實用性，即使是自己的髮型，也有它的廣告宣傳作用。」

的確，我們身處的是資訊發達的時代，也是一個容易成功的時代，能否成功的關鍵就在於，你是否能創造出一些打動人心的話語。

堂皇而美麗的說詞，是通往成功之路不可或缺的要素。

愈自私的慾望和行爲，愈需要美麗的藉口加以掩飾，否則就會導致人心離叛，遭遇強硬的抵抗和責難。

希特勒收攬人心的手段非常高明。他掌握政權之後，立刻成立全世界第一個政治宣傳部門，專門歌功頌德、粉飾太平，創造美麗而動聽的口號煽惑人心，從事假公濟私的勾當。

我們可以從納粹組織的名稱，一窺希特勒竊用堂皇名義的梗概。希特勒稱它爲「德意志人民社會勞動黨」，並且強調納粹的宗旨是服務日爾曼民族、服務德意志、照顧勞動者……因此，獲得廣大德國人民支持。

德國要併吞奧地利時，希特勒說：「奧地利自古便是德意志神聖不可分割的一部分，應該歸還給德國。同一血統的民族，應該居住在一起。」

他要入侵捷克的時候，對國內宣稱：「居住在捷克的日爾曼人，受到極不平等的待遇，如牛馬一般受人歧視，供人驅駛。爲了拯救苦難的族人，我們必須義無反顧出兵攻打捷克！」

這些話，不僅爲自己提供了侵略的藉口，更激起了全國同仇敵愾的狂熱。他的手段誠然卑劣，但卻十分有效。

即使像張獻忠，李自成這樣沒什麼智識水準的流寇，也懂得運用冠冕堂皇的口

號招降納叛、收攬民心。

張獻忠高喊「不當差，不納糧」的口號，所到之處「望風迎順」，席捲中國半壁江山。

李自成的手法也相當高明，派部下四處教唱歌謠蠱惑人心，聲稱「殺牛羊，備酒漿，開了城門迎闖王，闖王來時不納糧」，一時之間，「往應者如流水，其勢燎原不可撲」，最後攻陷了北京城。

日本戰國群雄之一的豐臣秀吉，表現更加露骨、肉麻，連吃飯都可以說成「為了織田家的前途而吃」。

織田信長去世之後，豐臣秀吉更把自己所做的每一件事，都冠上「為了織田家的將來」、「為了貫徹信長公未竟的遺志」。

但是，事實呢？豐臣秀吉「為了織田家」而篡奪了織田家的霸業，殺了織田信長的長子信孝，又將次子信雄流放。

由前面所舉的幾個例子，我們可以清楚地知道，美麗的藉口可說是緩和外來壓力最重要的武器。

以正確的態度，在不犯法的範圍內，藉著堂皇說詞的幫助，往往能夠獲得令人欽羡的成功。

不過，千萬要記住，千萬不要借用冠冕堂皇的名義去作姦犯科、欺詐拐騙，或是誘人犯罪，否則，即使你能一時滿足自己的慾望，但最後仍不免落入法網，遭到法律嚴厲的懲罰。

說話講謀略，做事講策略

古羅馬思想家西塞羅：「人的眉毛、眼神和面孔常常欺騙我們，但最能欺騙人的，莫過於嘴裡說出的話。」

迂迴戰術是致勝的關鍵

不要一味強調自己的立場，應該為自己找到絕佳的出口。懂得以巧妙的迂迴戰術避實就虛，正是聰明人獲得勝利的重要關鍵。

想讓對方照著自己的意思去做，應當對不同的人應當採取不同的說話策略，並且時時注意變換談話的內容，面對那些經常口出惡言的粗鄙之人或是滿肚子壞水的小人，更應該選擇迂迴戰術加以回敬。

對付日常生活中遇到的狡詐之輩，我們並不需要跟著他們學會奸詐機巧，也不一定要以牙還牙、以眼還眼，但是，至少要懂得保護自己，學會察言觀色，讓自己隨時都能全身而退。

三〇年代時期，一位英國商人威爾斯向香港著名的茂隆皮箱行訂購了三千個皮箱，總共價值二十萬港幣。

當時，在雙方簽訂的合約中明確規定，全部的貨物要在一個月之內交付，如果逾期，賣方必須賠償英商十萬元港幣的損失費用。

在日夜趕工之下，一個月內，茂隆皮箱行經理馮燦如期向英商交貨。

沒想到交貨的時候，一開始就存心訛詐賠償費用的威爾斯，無計可施之餘，居然莫名其妙地質疑：「你們的皮箱夾層使用了木板，這批貨不是我們要的皮箱，你們必須重做『眞正的皮箱』！」

如此一來，原來製作的皮箱不僅不能交貨，而且還損失了皮箱的製作成本，更要多賠償十萬元。

面對威爾斯的無賴行徑，馮經理怒不可遏，卻又無可奈何，雙方多次交涉無效之後，只好鬧上法院，請法官審理解決了。

然而，法庭開庭審理之後，同爲英國人的法官似乎有意偏袒威爾斯，而消息也傳出，法官已準備判馮燦的詐欺罪名成立。

所幸，馮燦委託的律師羅錦文冷靜處理，而贏得最後的勝利。

在最後辯論過程中，當羅錦文面對強詞奪理的奸商和具有排華情結、心懷偏頗的法官，隨手從口袋裡掏出了一只英國出品的金錶，高聲問法官：「法官先生，請問這是什麼錶？」

只見法官神氣地說：「這是大英帝國的名牌金錶，可是我提醒你，這金錶與本案毫無關係！」

「當然有關係！」羅錦文高舉金錶，繼續大聲說道：「這是一只金錶，我們尊敬的法官已有定論，恐怕沒有人表示異議了吧？但是，我想請問各位，這個金錶除了錶殼是以少量黃金打造之外，內部機件都是黃金材質嗎？」

法官和威爾斯這才發覺，他們中了律師的「圈套」，但為時已晚，自己言之確鑿的回答，早已成為對方最有利、最無可辯駁的證據。

羅錦文抓準時機地繼續說：「既然金錶中的部件零件允許非金材料，那麼，皮箱中的部件材料為何非要全都是皮製品呢？我們可以很明顯地知道，在這個皮箱案中，純粹是原告威爾斯無理取鬧，存心敲詐而已！」

於是，在眾目睽睽之下，威爾斯一時詞窮，法庭也不得不判威爾斯誣告罪，並

罰款五千元港幣了結此案。

面對相同的狀況，「以其人之道，還治其人之身」才能徹底擊敗對方，因此，對於蠻橫無理的人，不要一味強調自己的立場，應該避開雙方相持不下的情況，爲自己找到了絕佳的出口。

懂得以巧妙的迂迴戰術避實就虛，用對方的邏輯來打敗對方，正是聰明人獲得勝利的重要關鍵。

說話講謀略，做事講策略

歌德說：「唯有具備真才實學的人，既瞭解自己的力量，又善於適當謹慎地使用自己的力量，在世俗事物中獲得成功。」

不利於己的話其實對你有利

一再強調自己的優點，這樣反而缺乏說服力。還不如利用人類潛在心理的「彆扭心態」，來取得對方的信任。

美國在費城舉行憲法會議的時候，會議中分爲贊成派和反對派，討論相當白熱化。出席者的言論都非常尖銳，甚至演變成人身攻擊。

由於出席者有著人種、宗教方面的差異，利害關係相同的人自然結合在一起，議會充滿了火藥味和互不信任的氣氛。

眼看會議即將決裂時，持贊成意見的富蘭克林適時出面收拾了紊亂的場面，終於促使了憲法成立。

面對反對派猛烈地攻擊，富蘭克林不慌不忙地對他們說：「老實說，對這個憲

法我也並非完全贊成。」

這句話一出，議會紛亂的情形霎時停止了，反對派人士不禁感到懷疑，富蘭克林既然是贊成派，爲什麼不完全贊成自己所提的憲法呢？

富蘭克林頓了一會，才繼續說：「我對於自己贊成的這個憲法並沒有信心，出席本會議的各位，也許對於細則還有些異議，但不瞞各位，我此時也和你們一樣，對這個憲法是否正確抱持懷疑態度，我就是在這種心境下來簽署憲法的。」

佛蘭克林的這番話，使得反對派的激動和不信任態度終於平靜下來，美國的憲法終於順利通過。

一般人爲了要化解對方的不信任感，往往會以強硬的口氣說「請你相信我的話」，或者強調說「根本沒有那回事」，結果反而使對方的不信任感更加強烈。

因爲這樣說，就像是要將對方的不信任全面否定，只保留自己單方面的主張，實際情況是一種正面的攻擊，這樣做是不會產生任何效果的。

對於一件事情，如果光是強調好的一面，那麼對方對於你所說的話，就會存有不信任的潛在心理。

例如，你可以先給對方一些不利於自己的消息，使對方覺得你「還蠻老實的」，這樣一來，他就會產生想聽你繼續說話的意願，你便可以附帶地為自己說些好話，在不知不覺中，對方就會順利地接受你的誘導。

富蘭克林就是利用了這個技巧，先說一些對自己不利的話，使對方反而產生了信任感。

說話講謀略，做事講策略

法國思想家拉羅什富科說：「仔細的傾聽和妥當的應答，是我們在談話藝術上所可能達到的最完美境界。」

製造輿論達成自己的目的

利用廣告行銷的手法，來達到宣傳與刺激人心的效果。不急功好利，凡事循繼漸進，等待最佳時機的到來。

歷史上的帝王爲了掌握權勢，擁有榮華富貴，有時也必須製造輿論宣傳，讓自己可以名正言順的登上龍位。

武則天是中國歷史上第一個女皇帝，威名至今仍歷久不衰。

原本是唐高宗寵妃的武則天，自從得寵之後，便經常在唐高宗身邊協助處理各大小政事，讓她有機會掌握朝中大權。

唐高宗去逝後，繼位的唐中宗品性懦弱，凡事都聽母親的話，這也讓武則天萌生野心，想要自立爲帝。只是，在當時男尊女卑的社會中，想要女人當家，談何容易？武則天明白自己當皇帝的時機還未到，只好暫時另立豫王爲唐睿宗，讓他做個掛名皇帝。

然而，不少大臣卻屢屢勸諫，要武則天儘早把權力交還給睿宗，李敬業甚至招集十餘萬兵馬，誓言要殺掉垂簾聽政的武則天。

面對如此強大的反對力量，武則天心裡明白，即使目前坐上皇帝寶座，衆人不服，民心不穩，恐怕要在歷史上留下惡名。於是，她決定要費些時間爲自己製造擁戴的聲勢，改變人們的觀點。

表面上，她先是擺擺樣子歸政於睿宗，暗地裡卻要他堅決辭退，讓外界覺得自己像似逼不得已才臨朝掌政一般。

接著，她又讓侄子武承嗣派人在石頭刻上「聖母臨人，永昌帝業」幾個字，並塗成紅色，扔進洛水，由雍州人唐同泰取來獻給朝廷。於是，武則天便親祭南郊，稱此石爲授聖圖，改洛水爲昌水，封洛水神爲顯聖侯，給自己加封聖母神皇，並舉行了聲勢浩大的拜洛受瑞儀式。

此外，她又命令一位御史率領關中百姓九百餘人，來到朝廷上表，懇請武則天

親臨帝位，武則天佯裝不答應，卻又馬上把這個御史升職爲給事中。當大家看見這個御史如此輕易就升官，開始紛紛效法，上表奏請武則天登上帝位。如此大造輿論，百姓們都以爲武則天稱帝是上應天意、下順民心，而百官群臣或爲升官或爲自保，也順水推舟恭請武則天早日登位。

時機成熟之後，武則天這才廢了睿宗的帝位，親自登基，成爲一代女皇。

以現代角度來看，武則天正是利用廣告行銷的手法，來達到宣傳與刺激人心的效果。不急功好利，凡事循繼漸進，等待最佳時機的到來，正是她的重要手段，更是從古至今，許多成功者一再提醒我們的成功要點。

說話講謀略，做事講策略

泰德．貝特西說：「行銷的力量是長期有效的，運用得當的話，它就像是一件永不褪色的新衣服。」

要有勇於認錯的氣度

唐太宗與魏徵之間的故事之所以成為千古佳話，原因正在於，唐太宗為了使自己成為一代明君，能做到勇於認錯，善於納諫。

唐朝貞觀年間天下太平，時日一久，唐太宗就漸漸奢侈起來，於是魏徵的意見就越來越多。有時候，唐太宗聽得不是滋味，就拉下臉來，但魏徵彷彿視而不見，照樣據理力爭，讓唐太宗下不了臺。

有一次，在早朝的時候，魏徵與唐太宗爲了某件事爭得面紅耳赤。

唐太宗顧及自己的形象，勉強忍著沒有當場發作。

但是，一回到內殿，他便氣沖沖地破口大罵：「總有一天，我要把魏徵這個可惡的傢伙殺掉！」

長孫皇后問他為何此氣憤，唐太宗回答說：「這個傢伙總是當著文武百官的面羞辱我，我實在忍無可忍。」

長孫皇后聽了之後不發一語，隨即轉身進了內室。不一會兒，她穿了一套朝覲的正式衣服，一走出來就對著唐太宗行跪拜祝賀的大禮。唐太宗不知她葫蘆裡賣什麼藥，便問她究竟是幹什麼。

長孫皇后答道：「我聽說，只有在英明天子的統治下，才會有正直無畏的大臣。魏徵這樣直言不諱，不正說明了陛下的英明嗎？所以，我應該祝賀你才是。」

長孫皇后的一番話使唐太宗清醒了許多。從此他非但不再忌恨魏徵，反而勉勵他以後要多提意見，要繼續揭短。

後來，魏徵年事已高，又體弱多病，要求辭官返鄉，唐太宗堅決不同意，並對他說：「金屬摻在破石中就毫無用處，只有將它冶煉出來才能做成器具。我怎能讓你告老辭職呢？」

魏徵病逝之後，唐太宗十分傷心，他在朝廷上歎息著對列位大臣說：「一個人以銅為鏡，可以端正自己的衣冠與行為舉止；以歷史為鏡，可以明白歷代興亡的原

因；以人爲鏡，可以知道自己行爲的是與非。我曾經擁有這三面鏡子，時時對照，以儘量減少自己犯錯。現在，魏徵去世了，朕喪失了一面好鏡子。」

此外，唐太宗還要求群臣效法魏徵直言不諱的精神，認爲施政有不妥之處，一定要勇於發出諫言。

唐太宗與魏徵君臣之間的故事，之所以成爲千古佳話，原因正在於，唐太宗身爲一個至高無上的封建皇帝，爲了使自己能夠成爲一代明君，能做到勇於認錯，善於採納諫言，對後代領導者的啓迪和教育方面，發揮跨越時空的影響力。

說話講謀略，做事講策略

林德伯格說：「有益的交談如同咖啡一樣讓人振奮，事後也一樣地難以入睡。」

二十種交不到朋友的說話態度

交朋友靠緣分，做人也不必八面玲瓏，但假如你生活中的朋友一個個和你疏遠，就必須捫心自問，自己說話的時候是否犯了某些錯誤。

哲學家蒲魯塔克曾經說：「不懂得說話藝術的人，要是他希望被愛，反而會被憎恨；當他們想取悅別人，反而讓別人感到厭煩。」

確實如此，殊不見，在我們的周邊，許多人以爲自己受人尊敬，其實卻是受到恥笑，以爲自己是說話高手，卻被當成小丑。

他們往往傷害了朋友，娛樂了敵人，毀滅了自己。之所以會如此，正是因爲犯了說話之時的若干錯誤。

在現代生活中，每個人或多或少都有自己的朋友。與朋友交往時，與其由自己主觀地判定他們，倒不如先明白他們對自己的觀感，這樣對彼此日後的交往，或許會有更良性的發展。

如果你未曾留意別人對自己的觀感，往往就會忽視自己惹人討厭的一面，或是盡做出「用熱臉去貼別人的冷屁股」之類的傻事。

事先瞭解別人對自己的觀感，可以設法改正自己的缺失。

如果，虛心檢討自己之後，認爲對方的看法有所偏頗，或是某件事錯在對方，那麼，你大可選擇不和他做朋友。

虛心檢討自己的缺點並加以改正，是結交知心朋友的必備條件。以下列舉的是交友的忌諱：

1. 逢人光誇耀自己，話題一直繞著自己的瑣事打轉。
2. 一個人口沫橫飛說個不停，根本不顧別人喜不喜歡聽。
3. 炫耀自己的頭銜、地位、財富和自以為是的「豐功偉績」。
4. 動不動就脫口說出攻擊別人的話，還自認為率性耿直。
5. 老是板著臉孔，神情嚴肅地訓斥、挖苦別人。

6.喜歡當眾嘲弄調侃別人，自認為是幽默大師。
7.炫耀自己的學識，說起話來咬文嚼字，裝模作樣。
8.言談過於謙卑虛假，一味唯唯諾諾地附和別人。
9.老是在人前裝成一副大好人的模樣。
10.總是見人說人話、見鬼說鬼話，時常見風轉舵。
11.滿不在乎地說謊，謊言被拆穿了還一臉無辜的模樣。
12.善於逢迎拍馬，急於獲得上司關愛的眼神。
13.假借誠實作為幌子，滿口仁義道德。
14.言談之間盡說些他人的隱私和八卦話題。
15.偏愛悲傷的話題，老是把氣氛弄得沉悶。
16.經常對人抒發內心的牢騷，把別人當成「垃圾桶」。
17.老是背後說別人壞話，議論別人的是是非非。
18.說話太粗鄙下流，一副沒受過教育的模樣。
19.不管親疏、地點，舉動總是隨隨便便。

20.忌諱的事情太多，使別人講話也得小心翼翼。

交朋友靠緣分，做人也不必八面玲瓏，但是，假如你生活中的朋友一個個和你疏遠，那麼，你就必須嚴肅地捫心自問，徹底檢討自己，在說話的時候，是否犯了以上不該犯的錯誤。

說話講謀略，做事講策略

科明尼說：「人們不會因為話說得太少而後悔，卻常常因為說得太多而後悔。」

02

說話的態度左右你的前途

如果彼此有不同意見，
只需讓他們知道自己的看法就行了，
不必和他們激烈爭論，辯得臉紅脖子粗。

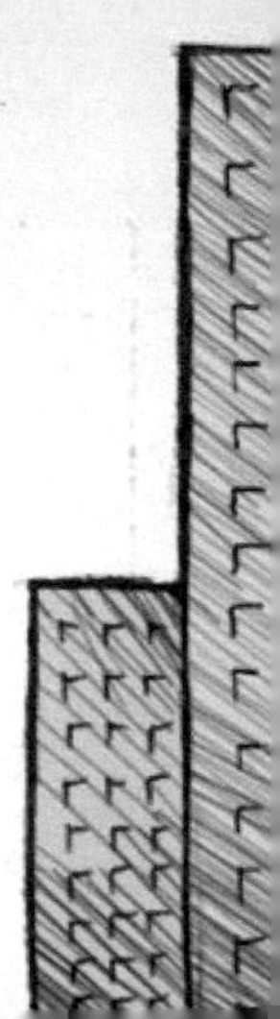

先摸清對方的喜好，才能對症下藥

想要說服一個人，必須先瞭解對方的個性或喜好，再以此想出對策，才能達到事半功倍的效果。

日本有句諺語說：「道逢劍客則談劍。」

意思是說，不管是要和別人進行感情交流，或是想說服對方，都必須先摸清對方的習性和偏好，如此才能對症下藥。

一九一四年，國學大師章太炎被袁世凱軟禁在北京的龍泉寺中，氣憤的章太炎便以絕食做爲反抗。

章太炎絕食的消息很快地便傳了出來，他的幾個入門弟子，像是錢玄周、馬夷初、吳承仕……等人，都連忙趕去探望他。

這些弟子們從早上勸到晚上，請他一定要進食，但是，章太炎躺在床上，閉緊了嘴，說什麼都不肯吃。

這時，吳承仕靈機一動，想起了三國時代劉表殺禰衡的故事，便問章太炎說：「先生比起禰衡如何？」

章太炎瞪大眼說：「禰衡怎麼能跟我比？」

吳承仕連忙回答道：「劉表當年想要殺禰衡，但自己不願蒙上殺士之名，就指使黃祖下手。現在，袁世凱比劉表高明多了，他不用勞駕黃祖這樣的角色，就可以讓先生自己殺自己！」

「什麼話！」章太炎一聽，立刻坐了起來。

這群子弟一看這個情況，知道說了中老師的心懷，便趁機拿出了先生愛吃的東西，只見章太炎什麼都沒說，一口氣就把所有東西都吃光了。

故事中性情剛直的章太炎，想以絕食行動對袁世凱表達抗議，經學生舉出歷史典故，並巧妙地點出絕食之舉，是幫袁世凱「殺自己」的行動，這才令他放棄絕食

的行爲。

一般人總會以懇求、責罵或是強迫的方式，試圖令對方就範，但這樣做往往只是徒勞無功，甚至會造成反效果。

其實，想要說服一個人，必須先瞭解對方的個性或喜好，再以此想出對策，才能達到事半功倍的效果。

說話講謀略，做事講策略

史賓塞．強森說：「不論你是否期待，事情還是會不斷地變化。因為你沒有預想到或是不希望發生，改變才會令你驚慌失措。」

責備，是最愚蠢的行為

新加坡作家洪生在《人性談》裡說：「人如冬天裡的刺蝟，太過疏遠就會各自覺得寒冷，可是過於靠近又會互相刺傷。」

談到說話辦事技巧時，班傑明．富蘭克林曾在自傳中勸告世人說：「建立人際關係的第一要則，就是不要責備對方。」

美國總統林肯也曾語重心長地說：「責備與中傷是最愚蠢的行為。」他們兩人年輕時代都經常爲芝麻小事激烈指責別人，後來，也都從自己的慘痛經驗中，充分瞭解這種做法的愚昧。

有一次，林肯指責一位同僚的缺失，對方惱羞成怒，憤而向他挑戰，林肯差點就命歸黃泉。從此之後，他不再任意責備別人，即使是善意的批評，也儘量不說。

這種改變，使得他的人際關係大爲好轉，廣受大衆歡迎，後來終於成爲美國歷史上偉大的政治家。

新加坡作家洪生在《人性談》裡說：「人如冬天裡的刺蝟，太過疏遠就會各自覺得寒冷，可是過於靠近又會互相刺傷。」

這是因爲，人與人往來密切，不免因爲錯綜複雜的人際關係，造成雙方或多方、或明或暗的攻擊。

絕大多數的人都認爲自己的觀點和言行才是最正確的，錯誤的是社會大衆，無論何時何地，都本能地將自己美化、正確化；即使是被公認爲性情乖僻的人，也會執拗地認爲「衆人皆醉，唯我獨醒」，這是人類難以改變的心理特徵。

就算是再怎麼客觀的批評或是再怎麼懇切的責備，一般人聽了，也會覺得自尊心受到傷害而難以接受。

因此，人只要一遭受批評，就立刻採取刺蝟般的防衛態度，豎起身上的每一根刺，加以反駁、反擊。

即使他表現出虛懷若谷、勇於認錯的態度，心中也許還是忿忿不平，盤算著如

何伺機報復。

日本明治時代的大作家夏目漱石對於這種現象有著極爲深刻的體認，他說：「別人對你道歉，向你賠禮，如果你信以為真而原諒他，那你就是個誠實過頭的傻瓜。你必須這麼想：道歉只是表面上的道歉，原諒也是表面上的原諒。」

由此可見，率直地責備與批評別人，對自己根本沒有用處，只會使你的人際關係受到磨損。

尤其是面對性情狡詐、陰沉的人，責備與批評只會浪費自己的生命，替自己製造潛伏的危機。

說話講謀略，做事講策略

科比爾說：「談話永遠應當是旁敲側擊，而不應直來直往，使自己陷入無可退避的窘境。」

拍拍馬屁，才會討人歡喜

先真誠地讚美對方，拉近了彼此的距離之後，再開始解釋自己的想法，便能讓對方靜下心來傾聽，進而認同你的想法。

奧地利心理學家阿德勒在《超越自卑》一書中曾經指出：「我們在日常生活中所發生的一切衝突與糾紛，大都起因於那些讓人覺得討厭的聲音、語調，以及那些不良的談吐習慣。」

的確，在人與人互動的過程中，不懂得說話藝術和技巧的人，既不可能擁有良好的人際關係，辦事之時也不可能達成自己的目的。

幾乎沒有人喜歡聽別人直接指出自己的缺點，所以，當我們和別人溝通的時候，必須運用說話辦事的技巧，先眞誠地讚美對方，製造愉快的氣氛，卸下對方的心防，拉近彼此的心理距離。

只要能夠拉近雙方心理上的距離，我們便能開始解釋自己的想法，對方也才不會拒人於千里之外，可以靜下心聆聽並認同我們的想法。

或許，有人會不屑地說：「做人應該像個男子漢大丈夫，行事光明磊落，爲何要拍人馬屁？」

其實，拍馬屁並不是天花亂墜胡說一通，或是睜眼說瞎話隨便說說的，而是一種巧妙運用語言力量的藝術。

拍馬屁的時候，如果對像是年輕人，他們當然希望自己前途無量，所以應該稱讚他未來的潛力無窮。

面對年紀較大的人，他們有兒有女，通常會把希望放在年輕的一輩，所以不妨將話題轉到他們的孩子們身上，甚至可以比較彼此的子女，指出孩子們青出於藍的地方，並且加以適度稱讚，如此一來，必定能讓他們高興得合不攏嘴。

有一則關於拍馬屁妙用的笑話，大意是這樣的：

有個馬屁專家死後，來到了閻羅王面前，閻羅王一見到他就拍案大罵：「好一個刁鑽狡猾的東西，我最痛恨像你這樣的小人！」

馬屁專家一聽，連忙跪下叩頭喊道：「冤枉啊冤枉，閻王爺您有所不知，我之所以好拍馬屁，是因爲世上的人都只喜歡聽好話，我才不得不隨波逐流。如果，世人都能像大王您這樣明察秋毫、公正廉明，我哪裡還需要這麼做呢？」

閻王高興的哈哈大笑，直說：「也對，諒你也不敢拍我馬屁。」

雖然這只是一則小笑話，然而其中也說明了拍馬屁的要訣，在於如何掌握分寸，如何把握住重點。

說話不能言過其實，既要讓對方能夠認同你的說法，卻又不能太過諂媚而引人反感，這些都是不得不拍別人馬屁的時候，必須小心注意的地方！

其實，對於周遭的朋友和同事，偶爾也得拍拍馬屁。

日常生活中，人與人相處久了，難免會忽略應該有的禮貌，所以有人會說：「朋友都那麼熟了，不需要在意那麼多禮節吧！」

正是因爲彼此太熟了，我們才更要在見面時相互問候示好。因爲，我們得到他們的幫忙更多，能夠把感謝放在心上，把感激掛在口上，更能突顯你的細心與用心。

不要感到不好意思，這些看來稀鬆平常的細節，其實隱藏著你心中的尊重及心意，是最不能忽略的地方。

說話講謀略，做事講策略

戴爾．卡耐基說：「不尊重別人感情的人，最終只會引起別人的討厭與厭惡，很難達到溝通的目的。」

說話的態度左右你的前途

如果彼此有不同意見，只需讓他們知道自己的看法就行了，不必和他們激烈爭論，辯得臉紅脖子粗。

熟悉說話的藝術，人與人之間就可以在融洽的氣氛中，彼此交流想法和看法。有時候，你和某人並沒有交集點，但是，適時的說話技巧卻可以讓彼此敞開胸懷，建立起友誼的基礎。

德國心理學家馬克·拉莫斯曾經提醒我們：「不管贊成或者是反對某件事，兩種意見總是會有大量的理由。語言的藝術就在於你如何充分地表達，但是百分之九十九的人，卻經常忽略說話的重要性。」

想要建立良好的人際關係，成功地使事情朝自己期望的方向發展，就不能不加強自己說話的方式。

辦公室裡的人際關係錯綜複雜。對上班族來說，懂得應該怎樣應對進退，是建立良好人際關係的第一大要素。

辦公室裡的談話辦事方式也是一門藝術。

首先，對年長的同事應當謙虛、服從。

年長的人生活經驗豐富，有很多値得年輕人學習的長處，但有時會過於保守謹愼。因此，與這些人交談時，即使你有不同看法，也不可採取不屑的態度，或口出狂言，應該給他們起碼的尊重。

如果在辦公室裡你是前輩，那麼，和年輕的同事談話時更應該拿捏應有的分寸，保持穩重的態度。

因爲年輕人容易衝動，又缺乏工作經驗，因此說話之時，切記不要隨意附和，以免降低自己的身份。

如果彼此有不同意見，只需讓他們知道自己的看法就行了，不必和他們激烈爭論，辯得臉紅脖子粗。

此外，要想獲得年輕人的尊重，絕不可以信口開河、誇大其詞，一旦被他們發現，自然而然的，對你的尊重和信任也將消失。

有些人一和地位高的人談話，自卑感就會顯露出來，使原本清晰的思路變得模糊混亂，講話支支吾吾。

也有一些人和職位高的人說話時，習慣大言不慚，而且滿臉不屑的表情，缺乏最起碼的禮節與尊重。

這些都是錯誤的說話辦事態度。

與職位比自己高的同事說話，不管他是不是你的頂頭上司，都應當保持適度的禮貌，一則他的地位高於你，保持禮貌對你日後的工作會有所助益，若能從談話中知道一點公司的內幕，更將使你從中獲得某種機遇。

再者，他能爬到現在的位置，必定有某些能力、知識、經驗、智慧值得你學習，在口頭上尊重他也是應該的。

當然，尊重職位比你高的人，並非得做一隻應聲蟲不可，那樣的話，他會認爲你是一個唯唯諾諾、毫無主見的人，對你留下一個難成大器的印象。

與職位高過自己的人談話，應該以他的談話爲主題，多聽話、少插言，並做到集中精神。自己講話時儘量不偏離主題，同時保持輕鬆自然的態度，坦白爽朗地說出自己的想法。

與地位低的同事談話也要掌握分寸，既不可一副趾高氣揚的模樣，也不要過於親密，更不要用教訓的口氣滔滔不絕地說個不停。應該保持和藹有禮的態度，對於他的工作成績加以肯定和讚美。

說話講謀略，做事講策略

古希臘作家荷馬說：「把你激動的心情按捺下去，因為溫和的方式最適宜；還要遠離那些劇烈的競爭。」

掌握說話應有的分寸

說話的藝術不但是要會說，還得要善聽。所以，除了說話要小心應有的分寸外，專心傾聽是溝通時的重點。

俗話說：「言多必失」，這是因爲說話之時必須要掌握應有的分寸，話說多了難免出現意想不到的負面作用。

此外，古代的哲人也奉勸我們「逢人只說三分話，不可全拋一條心」，對於不能推心置腹的人，最好只說三分話，另外的七分話放在心裡就好。

大多數人或許都會這麼認爲：「自己做事坦坦蕩蕩，哪有什麼是說不出口的呢？更何況，對待朋友更應該知無不言、言無不盡，如果有所保留，那不是顯得自己心機太深沉了嗎？」

你認為這是心機太深嗎？還是因為你根本就忽略了言詞上尊重的距離呢？試想，如果對方不是能與你互相瞭解的知己，話說得太多，反而更容易造成彼此的誤會與困擾啊！

而且，如果你一味地只顧著表達自己的想法，對方很快會失去了對你的神秘感，因為太容易瞭解你而感到厭煩，甚至以為你根本沒有什麼潛力可以挖掘，而失去了深入交往的興趣。

或者，當你毫無心防，大剌剌地把心事跟對方傾訴時，對方卻因此產生戒心，擔心你們今天的話題，明天就會成為流傳在別人之間的耳語。朋友之間如果沒辦法守住秘密，關係也很難維繫長久。

所以，說話的藝術不但是要會說，還得要善於掌握應有的尺度；除了說話要小心分寸之外，傾聽時也要專心。

多數人遇到鬱悶的事情，總會想尋找朋友傾吐苦水，發洩一下。

此時，我們如果能夠善於傾聽，以安靜、理智且流露同情的態度，讓對方感到你也正在為他的事情煩惱，感覺你對他的關心和重視，無形之中就會讓彼此的感情

愈來愈深厚。

古人有云：「聽人言毋須評審，亦勿恍惚而思別事。」

傾聽的關鍵在於專心，有時候也不一定要急著幫人出主意、提建議，只需安靜的傾聽就好，如此更能讓你的朋友願意與你接近。

說話講謀略，做事講策略

富蘭克林曾說：「當你對一個人說話的時候，看著他的眼睛；當他對你說話的時候，看著他的嘴巴。」

交淺言深會成為你的致命傷

儘量不要與窮極無聊的長舌同事議論別人的是非，更不可盡挑些上司、同事之間的八卦新聞東談西扯，破壞了辦公室裡和諧的氣氛。

英國作家托．卡萊爾曾經這麼提醒我們：「在人與人的交往過程中，禮儀越是周到就越保險，運氣也會越好。」

謹慎而恰當地與周遭的人應對進退，正是職場應該注意的禮儀，尤其是面對異性同事，更要拿捏好應有的尺度。

和辦公室裡的異性交談，應該注意彼此性別不同，採取不同的談話方式。

同性別的同事交談，有時會隨便些，但若是和異性談話，就應特別當心。當然，要注意的是男女有別，而並非處處設防、步步爲營。

譬如，辦公新來一位女同事，女性之間就自然會問起年齡、婚姻狀況，若是男同事一開始就問這些問題，恐怕不僅是她，其他人也要懷疑這個人心術不正了。

女同事與男同事談話時，應該態度莊重、溫和大方，千萬不要言詞輕佻，搔首弄姿，爲自己帶來不必要的騷擾。

男同事在女性面前往往喜歡誇大其詞，顯示自己有多大的本事，並愛發表自以爲超人出衆的思想，目的自然是引起對方的好感。這些話語，女性都只能姑且聽之，不要過於相信。

如果對方是個長舌的傢伙，嘮嘮叨叨說個沒完，實在令妳難以忍受，那麼大可藉機打斷他的話。

同一辦公室裡，倘若對方不是交情深厚的同事，千萬不可肆無忌憚地暢所欲言。彼此關係淺薄，交情普通，你卻硬要和他深談，是件相當危險的事，有時會替自己招惹一些不必要的麻煩。

因此，在同一個辦公室內，要和周遭的同事搞好關係，談話時要考慮到親疏關係，一般程度的，大可只談天氣、社會局勢，少談自己的私事，也不要批評公司內

部的重大決策；當然，這並不是要你與同事只保持表面上的客氣，平時在工作上還是應該互相幫助。

要注意的是，儘量不要與窮極無聊的長舌同事議論別人的是非，更不可盡挑些上司、同事之間的八卦新聞東談西扯，這不但影響同事間的團結，同時也破壞了辦公室裡和諧的氣氛。

說話講謀略，做事講策略

斯溫伯恩說：「人們在尖刻的言語之中摘不到果子，在他們搖動大樹根部時，得到的是扎人的刺。」

如何讓自己的「語言」動聽？

與人談話的時候，臉上最好帶一抹微笑，因為微笑是人與人之間溝通的橋樑。萬一真的笑不出來的時候，只要以誠摯的態度交談就行。

平時，我們與人交談、交往的時候，大都希望自己能在對方心目中留下一個良好的印象，因此，莫不講究語言方面的技巧和修辭。

語言的技巧，著重在「巧」字上。掌握了一定的語言技巧，對於日常的交際活動肯定大有助益，但是光講究技巧，本身卻欠缺美感就會充滿匠氣，反而俗不可耐。

要使對方與你交談之後心情舒暢愉快，除了注意舌頭的說話技巧外，還得從兩個方面來考慮，第一是要給人優雅的視覺形象，第二是要給人悅耳的聽覺形象。

俗話說：「佛要金裝，人要衣裝」，說明了得體的打扮能使對方留下賞心悅目的印象。服飾的搭配要與交談的場景、氛圍相和諧，穿著打扮則必須符合本人的年齡、職業和性格。

另外，與人交談、接洽事情時，還應該注意交談的姿態，即使是在非正式場合，也不能忽視自己的舉止風度。

請記住，站有站相，坐有坐相，千萬不要表現出一副懶散的模樣。

再者，要懂得尊重交談對象，不要在交談時蠻不在乎地翹腳搖腿，或擺出一副好像很了不起的架式，那是一種很沒有修養的表現。

精神面貌也是視覺形象的一個重點。面色灰暗的人應當適度補妝，上了夜班，眼圈發黑的人應該睡一覺以後再與人交談。試想，誰願意和一個無精打采、說話總是哈欠不斷的人交談？

與人談話的時候，臉上最好帶一抹微笑，因爲微笑是人與人之間溝通的橋樑。但是，萬一眞的笑不出來的時候，也不必費心強裝笑臉，只要以誠摯的態度交談就行。說話的時候，切記不要舉止輕佻、面部表情誇張、說得口沫橫飛，這些醜態都會令人反感，但是，過分的拘謹也沒有必要。

大家都曉得，若要語言動聽，讓聽者產生愉快的感覺，就要把握抑揚頓挫，注意氣氛，適度把對方當成談話的中心，使對方在心理上獲得一種被尊重或寵愛的感覺。對方明白自己在他人心目中的位置，當然心花怒放。

因此，語言要說得動聽，要使對方感動，應該時時把對方放在談話的主角位置。即使對方出了差錯，你萬不得已必須批評對方之時，也仍然要把對方放在主要位置上，不要牽扯其他人事物。

如此一來，對方會覺得人格受到尊重，即使你沒有嚴厲地批評他，他自己也會深刻地反省，把以後的工作做得更好。

說話講謀略，做事講策略

英國政治家麥考利說：「口才好的人談話，幾乎無不使用一點活潑輕快的詭辯，和一時足以自欺欺人的誇大。」

別以為自己沒有「說錯話」

留心對方的忌諱，看起來雖是芝麻細事，實際上卻是影響彼此關係的大事，如果因此而與人結怨而不自知，就真要吃不了兜著走了。

俄國諷刺小說家克雷洛夫在提及說話辦事的技巧時，曾經幽默地說過：「語言就像是一把剃刀，最鋒利的剃刀會幫你把臉刮得最乾淨，不過，你必須做到靈活地運用這把剃刀。」

各地風俗不同，待人接物的禮儀不同，習慣性的用語也不盡相同，因此，與新認識的人交往的時候，說話可要留心，否則一不小心脫口而出，犯了別人的忌諱，即使你表現得再有禮貌，在別人眼中也會成爲無禮之人。

雖然不懂忌諱似乎情有可原，但是，冒犯了別人的禁忌就近乎失禮，在社交上就很難推進友誼。

語言產生的誤會是很傷腦筋的，不可不留神。

在交際活動中，與你交談的對象或許有個人特殊的忌諱，那麼，你就要小心探聽明白，說話時不要觸及他的痛處。

譬如說，對方的親朋好友有過流言蜚語，如果你不知情，當他的面搬出張三李四的風流韻事任意閒談，在對方聽來，很可能以爲你是在嘲諷他，雖然不便當場發作，但心裡必然對你忿恨不已，那以後還有什麼友誼而言？

例如，你交談的對象曾經做過販賣走私貨品、囤積居奇哄抬物價之類的壞事，現在雖然已經洗手不幹，但是倘使你不明底細，當著他的面大罵其他奸商，對方必然會窘迫得恨不得咬你一口。

因此，留心對方的忌諱，在交際活動中看起來雖是芝麻細事，實際上卻是影響彼此關係的大事。

因爲，說話犯了忌，就會使別人把你當成不懂禮貌的莽撞之徒，如果因此而與人結怨而不自知，就眞要吃不了兜著走了。

相對的，學會用讚美的語言去溫暖別人的心，讓別人喜歡你，這本身就是交際活動中的禮儀。

當然，讚美要選擇適當的話題，否則，不合時宜地瞎吹亂捧，即使有「理」，也會變得「無禮」了。

說話講謀略，做事講策略

A．格拉瓦說：「愛嘮叨的人所要說給別人聽的話，通常是他們獨處之時自怨自艾的那些話。」

謙虛就是最好的防禦

當一個人產生反感時，潛在心理就是希望自己的優越感能夠得到認可，如果他發現自己比對方還要差時，就會對對方更加反感。

林肯還沒當總統之前，有一次，一個暴徒怒氣沖沖地拿著手槍指著他，並對他說：「我曾發過誓，如果有一天遇到一個比我還醜的男人，我一定當場把他打死。」

沒想到，林肯不慌不忙地向那個暴徒承認，自己確實是一個醜男人，並且對他說：「你如果想打，就打吧！」

結果，這個暴徒的氣消了，自動離開。

林肯眞不愧是一個聰明人，他對暴徒說話時態度謙卑，因而化解了自己的危機。如果他對暴徒採取高高在上的姿態，必定會引起暴徒更大的反感。

林肯面對暴徒的威脅羞辱，仍仔細去聽對方的話，消除對方複雜不平衡的情緒，當然是由於他承認自己是一個醜男人，使得暴徒對林肯反感的理由瞬間都消失了。

當一個人產生反感時，潛在心理就是希望自己的優越感能夠得到認可，如果他發現自己比對方還要差時，就會對對方更加反感。

所以，一個人如果心理狀態不夠健全，就會因爲自己的自卑感，而對別人的優越產生反感。有了這種不健全的心理後，便醞釀出一種攻擊性的防禦策略。

林肯的做法就是放棄自己的優越性，讓自己處於「委屈」的卑下地位，先接受對方的反感，然後再誘導對方接近他，這的確是一種能使對方接受的有效方法。

千萬要記住，謙虛就是最好的防禦。

說話講謀略，做事講策略

英國思想家富勒說：「當你心中有著怒火的時候，說話的時候，總是有一些火星會冒出口中。」

不要用舌頭滿足自己的虛榮

壓倒對方，除了滿足自己的虛榮，又能獲得什麼實質益處呢？對方並不會因此而改變，只會對你產生排斥的心理。

世間盡是好發議論、喜歡附會風雅之徒，連見識淺薄、不識之無的人，也喜歡在大庭廣衆喋喋不休或舞文弄墨；如何裝聾作啞，無疑是處世的一大要訣。

富蘭克林曾經說：「經由爭論駁倒對方，所獲得的勝利毫無價值。」

他說得一點都不錯。人在不同的生活環境成長，自然會形成不同的立場、想法、價值觀念、意識型態。既然如此，又何苦彼此爭論不休呢？

有一位將軍是個大老粗，卻偏偏認爲自己有寫詩的才華，硬要別人叫他「儒將」，而且三不五時就要把自己的「大作」拿出來炫耀一番。

有一天，這個將軍又完成了一首詩，碰巧一個參謀前來請示軍務，將軍便要參謀將自己的「詩作」品析一番。參謀看完之後，皺著眉頭說：「論行軍打仗，您絕對是第一流，但是論寫詩，恐怕只能算是第九流。」

將軍聽了，臉色一沉，立即命令士兵將這個參謀關到軍營後面的豬圈，大罵說：「你這傢伙跟豬一樣沒品味，活該跟那些豬關在一起。」

第二天，將軍又寫了一首詩，便命令士兵把參謀帶到營中，對他說：「我一定要用這首詩感動你的豬腦袋。」

參謀看了將軍的詩作一眼，便低著往外走。將軍看得莫名其妙，連忙叫住他：「你要去哪裡？」

參謀十分無奈地說：「報告將軍，我自動回去豬圈當豬！」

富蘭克林年輕的時候血氣方剛，經常和別人爭論激辯，企圖壓倒別人，突顯自己的才學、見識，同伴們都討厭他這種習性。一位老朋友看不過去，便勸告他說：「每當別人的意見與你相左，你就好像鬥雞一樣和對方爭執不休。這種惡習，使得大家逐漸和你疏遠，討厭與你交談。再這樣下去，你將會失去所有的朋友。」

這番話在富蘭克林心中產生劇烈衝擊。他領悟到自己所獲得的，只是表面的勝利；將對方駁倒，心中固然很舒服，但是，被自己駁倒的一方，自尊心受損，產生了對抗心理，更加不可能贊同自己的意見。

富蘭克林悟透這層道理之後，開始避免和別人爭論。

嚴格來說，懂得裝聾作啞的人，比喜歡說話的人更聰明。

在言詞上壓倒對方，除了滿足自己的虛榮，又能獲得什麼實質益處呢？對方並不會因此而改變自己的立場、想法、價值觀或意識型態，只會對你產生排斥的心理。

就像前述那位參謀一樣，即使將軍用強迫性的手段要他誇獎自己的詩寫得很好，他還是寧願回豬圈當豬。問題是，到底誰才是豬呢？

說話講謀略，做事講策略

作家史蒂文生說：「愚人把所有的談話都看成炫耀賣弄的大好時機，藉以滿足自己的虛榮。」

03

話題選得好，溝通沒煩惱

每個人都有自己的話題禁區，不容他人擅自闖入。
不然的話，後果輕則損害交談，
重則傷害感情，甚至導致對立或關係破裂。

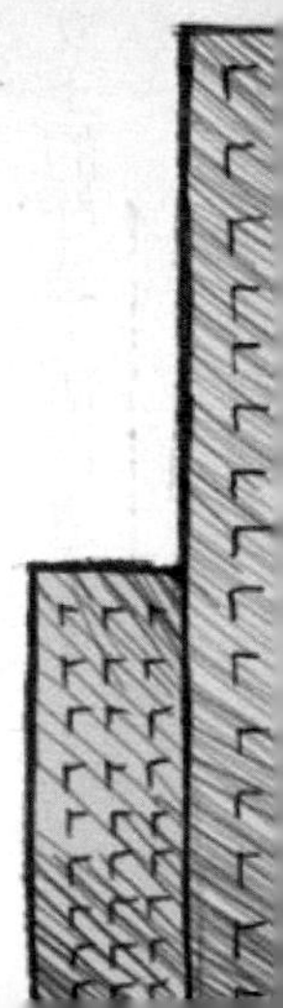

話題選得好，溝通沒煩惱

每個人都有自己的話題禁區，不容他人擅自闖入。誤闖禁區的後果，輕則損害交談，重則傷害感情，甚至導致對立或關係破裂。

談話是一種心理溝通，也是思想與感情的交流，應當有利於解決問題、推動工作、增進瞭解、發展友誼，從而令人心情愉快。

每個人都需要別人的關懷和幫助，所以，關心對方也是一個永遠受歡迎的話題。

有一位女記者，曾與伊麗莎白女王在雞尾酒會上做過簡短交談。一開始她就問女王，昨天是否在風雨中視察過鐵礦，這使女王十分驚訝。

原來，女王外衣染有紅褐色的礦屑，經女記者提醒才發覺。

由於女記者的交談從關心女王的話題開始，自然引起女王的好感，使得這次交談十分融洽、成功。

在生活中，同病人談治病強身，同家長談培養子女，同青年談發展方向，同主婦談家庭生活，同學生談如何提高成績……這些話題無疑都是比較輕鬆愉快的。

精選話題時除了注意對方的需求外，還要小心避開「地雷區」，儘量選擇那些「安全係數大」的話題。

所謂「安全係數大」，可以從兩個方面談起：

首先，不要交淺言深，誤入禁區。

每個人都有自己的話題禁區，不容他人擅自闖入。譬如個人隱私、癖好，或殘疾人士的生理缺陷等等，這一類內容應當加以避諱。誤闖禁區的後果，輕則損害交談，重則傷害感情，甚至導致對立或關係破裂。

其次，避開可能引起對方傷感或誤解的敏感話題。

交談的話題除了有若幹「禁區」之外，還存在著許多「敏感地帶」，因此會話中也應當小心避開。

比如，同失戀者忌談愛情與婚姻問題，同不幸者忌談他遭受不幸的往事，甚至旁人的不幸，也會引起不幸者同病相憐的痛楚；同殘疾人士的親屬交談，最好不要提起他家庭中那一位殘疾人……等等。

有時，和醫生、律師等會話對象，也不宜動輒請教自己生什麼病該怎麼醫治，有什麼糾紛應怎麼處理。過分具體的專業問題，在他們工作之外的時間裡，往往也是不願涉及的話題。

正因爲「敏感問題」很難處理，所以要盡可能繞道而行。

誰都不願意同悶悶不樂的人交談，同樣，誰都不希望會話使人悶悶不樂。所以，選擇話題，要考慮它是否會給雙方帶來愉悅。

會話中，有益於雙方的共同語言和話題，應當多多益善。一般來說，這些最易於爲雙方接受。

這種共同的語言和話題往往具有地域相似、經歷相似、職業相似、年齡相似、處境相似、志趣相似、文化相似、習慣相似……等特點。初次相見的人，特別宜於從中尋覓話題。

此外，人們在會話中往往希望相互瞭解，因此，有時就有各人談談「自己」的必要。由談談「自己」而加深彼此的瞭解，雙方又可以找到更多共同語言，從而擴大選擇話題的範圍，使交談更加深入。

談談「自己」的前提是假設對方與自己經歷相似，有瞭解自己的意願。若不是這樣，那就有必要轉換話題了。

總之，選擇話題的奧妙很多，話題選擇得好，對你的社交活動將會大大有益。

說話講謀略，做事講策略

英國思想家培根說：「會傷害別人的話儘量少說，談話的時候，並不是什麼話都可以脫口說出。」

如何聽出別人在想什麼?

巧妙地分析對方談話的口氣、速度、聲調,探究對方的內心正在想些什麼,這是增進人際關係的要點。

日本作家大久光曾經提出一個有趣的比喻:「協調關係是糖,對立關係是鹽。單單是糖太過甜膩,適度地加點鹽,人際關係才會變得更協調。」

在現代社會中,人際關係就猶如空氣一般,誰也脫離不開這張巨網,但是,光靠廣泛的交際,無法建立良好的人際關係,你必須用心瞭解誰才是值得你用心交往的對象,然後加糖加鹽,讓彼此的關係更緊密。

和別人交往過程中,其實僅僅從談吐、遣詞用字方面,就可以窺視對方的內心狀況,明瞭自己應該如何應對。

因為，談吐的方式會反映出一個人當時的心理狀態，越是深入交談，愈會暴露出他的原本面目。因此，談吐方式、遣詞用字，無疑是探知一個人真正性格和心理狀態的重要依據。

當話題進行至核心部分時，說話的速度、口氣，就是我們探知對方深層心理意識的關鍵。當然，說話的聲調也是不可忽視的要點。

巧妙地分析對方談話的口氣、速度、聲調，探究對方的內心正在想些什麼，這是增進人際關係的要點。

不同身份的人有不同的說話語言。

有的人說話粗俗下流，有人說話謙恭有禮、有條不紊，有的人說話內容豐富真實，當然也有人一派胡言，或內容空洞、不知所云。總之，人說話的時候，就反映出他究竟擁有什麼內涵。

高貴優雅、氣度非凡的人說話溫和流暢，表示他們常用文雅的應酬用語。然而，這類人應分為兩種，一種人是表裡如一，一種是口是心非。

後者很多是外表高尚而內心醜惡的人，他們不願被對方察覺自己極力掩飾著的

目的，所以才使用文雅的口氣說話。

相反的，談吐粗俗的人顯得比較單純。

這種類型的人，無論對上司或部下，對同性或異性，都不改談吐方式，喜歡就喜歡到底，討厭也討厭到最底。

此外，在初次見面的情況下，這種人的好惡表現也相當明顯，不是表現得很不耐煩，就是親熱若多年摯友。

除此之外，說話說到傷心處，往往就哭哭啼啼、一把鼻涕一把眼淚的人，說明他的依賴性非常強烈。

這種人儘管平常表現得和藹可親，善於交際奉承，但實際上非常自私、任性，大多屬於不受歡迎的角色。

好掉淚的人有一個屢試不爽的看家本領，就是以半哭半泣聲調，打動別人的惻隱之心，以達到自己的目的。這種模式是一輩子都改不了的。

不聽對方說話，只顧自己滔滔不絕、口沫橫飛的人，則屬於強硬類型，這種人只要在說話的時候，別人肯「嗯、嗯」地靜靜聽他說，就可以得到好感。這種人的最大弱點就是自尊太強，經常喜歡搶先別人一步。

有的不善言辭，說起話來支支吾吾，這一類型的人，有時是因爲缺乏表現力，無法巧妙地表達自己想要說的話，有時則是個性陰柔、思考深沉、度量狹窄。更有的是欠缺智慧，或者精神上有某種缺陷。

說話講謀略，做事講策略

赫伯特說：「不要直言無諱說話，說話之前，務必先清除自己腦子裡的那些粗話和不得體的話語。」

什樣的人，就說什麼樣的話嗎？

語言具有很大的欺騙性，想要評價、認識一個人，應該重在行動，而不要被他表面的誇大言談所迷惑。

由於生長環境和所受的教育程度不同，因此，每個人行事風格大異其趣，說話的方式也不盡相同。

語言往往具有很大的欺騙性，所以單憑語言來取人識人是不可行的。只有聽其言，又察其行，洞其心，才能眞正認識一個人。

因爲即使對最狡詐的人，只要仔細觀察其言行，並加以分析，就會發現他的漏洞。思想指導人的行動，心裡所想必然會在行動上體現出來。但要識人，就必須掌握他的全部行動情況，這是以行察人的基本條件，如果僅僅依據他的一言一行而對他作出結論，必然失之偏頗。

自古來，就有「言爲心聲」的說法，也就是說：什麼樣的人說什麼樣的話，一個人如何，可以從他的「語言」得知。

一般來說，正直的人，嘴裡說出來的話句句實在，「良藥苦口利於病」，正直的良言是忠誠人的心聲，使人能夠到達成功的彼岸。邪惡的人說話苛刻，惡語傷人，笑裡藏刀，搬弄是非。

一般而言，我們都是透過與人說話來瞭解對方的性情。

但在現實生活中，許多人心裡想什麼，行動上要幹什麼，並不體現在他的言語當中，一味聽信他的言談，就會上當受騙。

狡詐的人，所想的是一回事，所說的又是另一回事，常常以冠冕堂皇的言辭掩蓋其罪惡的用心，以獲得人們的支持，達到不可告人的目的。

古人曾說：「以言取人，人飾其言，以行取人，人竭其行。」

意思是說，以談話去評估一個人，人就會去裝飾自己的言談，而根據行爲去評估一個人，人就會在行動上儘量去做好。

想要評價、認識一個人，應該重在行動，而不要被他表面的誇大言談迷惑，歷代有識之士早已看出這一點。

他們說：「如果以言論為標準來取人用人，認為一般人所稱讚的是賢人，一般人所詆毀的是不賢的人，那麼黨羽多就會被任用，黨羽少就會被排擠。這樣奸臣勢力就會結黨營私而埋沒賢才，忠臣無罪而被置於死地，這樣社會就會混亂，國家也就不能避免滅亡。」

要做到不以言取人，其實是一件很困難的事，殊不見，在我們的周圍，輕信傳言的人大有人在。

要認識一個人，絕對不能輕信傳言。事實上，在我們身邊總有許多愛說人長短的人，他們無論是講人好話還是講人壞話，背後都有特別的目的和原因，尤其是在上司面前講的話。

領導者身居高位，不可能事事清楚，需要別人提供情況，但進耳之言，究竟可靠與否，還需要調查研究，否則會犯了以偏概全的錯誤。

如果瞭解他的全部行動情況，就可以對他前後的言行進行綜合分析和比較，既可以從其過去知其現在，也可以根據他現在的所作所爲預測他發展的趨勢與結果。

有的人善於在行動上以假亂眞，爲了使你深信不疑，他們除了以謊言欺騙外，還會做些撲朔迷離的假動作，以僞裝出來的「行」，使你不知不覺地落套就範。

對於這種複雜情況，就不能只看他眼前的一面，而要通過調查研究與長期而仔細的考察，掌握他眞實的一面，進行去僞存眞的分析，認識他的本質特徵。

說話講謀略，做事講策略

小普林尼說：「在別人口裡可能成為榮譽的事，如果經由自己的舌頭來說，那就毫無價值。」

認清自己和別人的心理距離

輕浮而善於迎逢的人之所以失敗，往往是因為他們分不清尊卑親疏，總是想套用相同的模式拉近彼此的距離，結果適得其反。

莎士比亞曾經寫道：「有些人對你恭維不離口，但他卻有辦法讓你仍然把他當成患難朋友。」

其實，讚美別人的好事或長處，幾乎人人都會，連對壞事都能夠加以讚美，則是想要別人爲他賣命的人，不可不知的厚黑秘訣。

當然，所謂的讚美並不是空泛的巴結，而是能夠根據某些事實，講出一套獨到而令人折服的理論。

我們與人交談的時候，如果所講的事情能夠帶來彼此心靈的變化，那麼，結果也將大大改變自己的人際關係，增強自己的辦事助力。

聽了這話，或許你會反駁說：「難道所講的事情都必須是好事？」或者「難道跟每個人說話都一定要很客氣嗎？」

其實，這樣的疑問未免過於單純。

因爲，你所講的事情與講話的方法，應該視自己與對方的交情深淺而有所變化，這正是說話的技巧問題。

有關措詞的使用，對於長輩、上級或不太親近的人，要儘量使用敬語，對於熟悉的人或好朋友，只要保持適度的禮貌。

如果不分親疏長幼，對任何人都用同樣的措詞、同樣的口氣說話，人家豈不會認爲你這個人腦筋有毛病？

正確的措詞和表達方式，應該視彼此心理距離上的親疏而定，而且在交談之前就應該界分清楚。

輕浮而善於迎逢的人之所以失敗，往往是因爲他們分不清尊卑親疏，總是想套用相同的模式拉近彼此的距離，結果適得其反。

保持適當的距離，有時候也是一種社交禮儀。不要只想到自己而不考慮別人，禮貌是最容易做到，也是維持良好人際關係最重要的工具。

只要我們的行爲得體，我們就能讓別人喜歡我們。

是否能正確地衡量他人與自己的關係，這是各人的教養問題，這也是爲什麼有教養的人說起話來，總是讓人感到如沐春風的關鍵所在。

說話講謀略，做事講策略

古羅馬作家卡羅爾在《鏡中世界》說：「當你思考準備說什麼的時候，先做出一副彬彬有禮的樣子，因為這樣可以贏得時間。」

如何用眼睛「聽」別人說話？

若想擁有好的社交關係，就得留意正確的「聽話」方式才行，這對你在他人心目中的形象絕對影響重大。

在交際活動中，有的人一打開話匣子就關不住，滔滔不絕說個不停。這種人自以為風趣幽默、博學多聞，但是，在別人眼中，他或許只是一隻聒噪的烏鴉，或是拾人牙慧的鸚鵡。

像這種極端以自我中心的人最討人嫌惡。這種人喜歡拼命地講自己的碎事，卻不願讓出時間傾聽別人說話，似乎只有他的事才是世界上最重要的。可笑的是，在我們的生活周遭，這種人佔的比例還不少。

人喜歡藉著聊天來表現自己，而且通常懷著強烈的自我意識，非得獲得滿足才

行。那些不善於聽人說話的人，往往忽略了別人也有著同樣的需求，佔奪了大部分的說話時間，當然令人討厭。

倘使你懷疑這種說法，不妨做個小試驗：一看見熟人就不停地講自己的事，看看結果會如何？

別人必定懶得搭理你，隨便找個藉口匆匆逃離現場。

在現實社會中，如果只認為自己的事才重要，對別人漠不關心，將使人產生厭惡感，遇見你就退避三舍。

此外，你也必須注意，避免聊天時口氣輕浮，那會讓人暗忖：「與這種淺薄的人沒什麼好談的。」

一般而言，老年人會比年輕人嘮叨，女性比男性多話。如果不注意人與人之間存在的溝通差距，最終很容易造成彼此的齟齬。

在聽人說話時，有人常常閉著眼睛，這並不上是良好的聽話態度，應該知道，「話」雖不必用眼睛去聽，但眼睛卻能表明你聽人說話的態度。

有的人面無表情，以呆板的臉孔聽他人講話，這也是不當的聽法。

還有人以輕忽的態度聽話，表現得「已經知道這件事情」、「那件事情沒什麼特別意義」，或「那是幼稚的」，不願肯定對方的話，這種人肯定不受歡迎。

也有人遇到一些中聽或是重要的話，就悄悄地做起備忘錄來，這種自以爲是的形態也惹人嫌。

總之，若想擁有良好的社交關係，就得留意正確的「聽話」方式才行，這對你在他人心目中的形象絕對影響重大。

說話講謀略，做事講策略

英國作家哈茲里特說：「說話口若懸河，或是辯理無懈可擊的人，並非總是思想正確無誤的。」

用「未來」打造一條生活新路

感到惶恐不安時，不妨透過彼此交談，規劃一些生活的新目標和想像幸福的未來，這樣就能振奮精神，並且對未來的遠景更加嚮往。

日本經營之神松下幸之助在松下電器剛剛創業的時候，曾經發揮舌上功夫，利用潛在心理操縱術，消除了員工的不安心理。

當時日本的經濟蕭條，公司倒閉的事情層出不窮，松下電器公司在不景氣中苟延殘喘之際，也傳出了瀕臨倒閉的謠言。

當時，擔任社長的松下幸之助並沒有雄厚的資本和豐富的經商經驗，員工們不免擔心公司會在這波嚴重的經濟不景氣中出現財務危機，撐不過難關，到時候自己恐怕就會沒工作了。

更嚴重的是，有的員工甚至懷疑老闆松下幸之助正在考慮關門了。

這時，松下幸之助適時地把全體員工集合起來，對他們說：「松下電器就像無盡的寶藏一樣，會不斷地出現新產品，而我們正擔負著開拓創業的使命。」

「為了完成這項使命，必須過二五〇年的時間，我將這二五〇年分成十個節。第一節為二十五年，這二十五年又分為三期，第一期的十年是專門建設的時期，第二期的十年是持續建設時期，更是專業活動的時期，最後的五年則是持續建設和活動，有了這些措施，我們就能為社會做貢獻了。」

「我們現在所處的就是第一節的時候，第二節以後就由我們這一代來完成。從此以後，每一代人都必須兢兢業業，按照共同的方向前進，到了第十節，也就是二五〇年以後，這個世界就會是一個充滿了物質，富庶繁榮的樂土。」

每一個員工在聽到這篇《松下電器二五〇年的計劃》後，都目瞪口呆，但等稍微回復過來後，就像吃了定心丸，安下心來。因為，他們認為老闆都為公司做了二五〇年的長遠規劃，瀕於倒閉之事純屬無稽之談！

於是，員工紛紛興高采烈地談論：「社長都這樣有幹勁、有信心，目標定得這

麼遠，公司肯定沒有問題。」

松下電器員工在不景氣、不賺錢的情況下，擺脫了惶恐不安的心理，對未來充滿著強烈的幻想與希望。這種方法的有效之處，就是讓惶恐不安的人，心裡有一條通往未來的出路。

因爲任何人心理不安時，潛在心理的直接反應就是想逃避，想擺脫眼前的一切。這時，如果和他們談一談綺麗的遠景，不失爲一條很好的出路。

所以，如果你或你的好友正感到惶恐不安時，不妨透過彼此交談，規劃一些生活的新目標和想像幸福的未來，這樣就能振奮精神，並且對未來的遠景更加嚮往。

麗莎．科克說：「長舌婦愛和你談論別人，討厭鬼盡向你談論他自己，只有饒有風趣的人才會和你談論你自己。」

不要老是挑剔別人的毛病

歌德曾經勸告世人說：「指責別人的缺點，對自己並沒有好處。稱讚別人的優點，則會受益無窮。」

法國大文豪雨果說：「語言就是力量。」

的確，語言是一種無比犀利的武器，使用得當可以幫助自己披荊斬棘，使用不當則會傷害自己。

只要做好心理建設，平日勤於鍛鍊自己的說話技巧，要成爲受人歡迎的說話辦事高手，其實一點都不困難。

Y先生升任某紡織公司的廠長，令同業吃驚不已。因爲，他的學歷不高，沒有特殊人事背景，能力也不算頂強，不料竟能壓倒公司內部衆多熱門人選，使得大家跌破眼鏡，紛紛研究他的「登龍術」。

後來，大家發覺，他並沒有什麼獨到的秘訣，各方面都普普通通，唯一值得一提的是，他很少挑剔部屬的缺點。

紡織廠以女性員工居多，他看到女工做事緩慢，又做得不好，絕對不會責備她們，反而會誇讚說：「妳做事很有耐心，也很謹愼。」

遇到工作時不停嘰嘰喳喳或大聲喧嘩的女孩子，他就會誇讚說：「妳的個性活潑又開朗……」

這種模式，與其說是在管理工廠，倒不如說是在討好女工。

Y先生自己也不諱言地說，他每天最重要的例行工作就是發掘女工們的優點，其他的事反而是次要。

Y先生說，以前他也常常爲了生產業績，板起臉孔斥責工作效率不佳的女工，但是這種管理方式根本無濟於事，只是徒傷彼此的和氣，使得他和部屬關係惡化，只要自己一不注意，她們就又開始偷懶摸魚。

更糟糕的是，業務量吃重的時候，竟然沒人願意留下來加班，讓他無法向上司

交差，吃盡苦頭。

後來，Y先生認為，如果自己想在公司繼續待下去的話，就必須改善和女工們之間的緊張對立關係，因此開始嘗試著讚美她們。從此以後，工作反而輕鬆愉快，也屢屢獲得公司獎勵。

「不但要瞭解她們的工作情形和個性，連她們的外表也應該重視。發掘她們值得讚美的地方，譬如鼻子很挺，頭髮烏黑亮麗，水汪汪的大眼睛……毫不吝嗇地加以讚美。當然，你的態度必須莊重而誠懇，否則會被認為輕薄、調戲、性騷擾，這點非常重要。」

任何人都一樣，一受到稱讚，就會露出友好的態度，年輕女孩子尤其如此。Y先生巧妙地運用這層心理，深獲女工們愛戴，化解了不少勞資之間的糾紛，旺盛的人氣也簇擁著他升任廠長。

德國哲學家兼詩人歌德曾經勸告世人說：「指責別人的缺點，對自己並沒有好處。稱讚別人的優點，則會受益無窮。」

如果你老是把別人當成蠢豬，就別指望別人把你當成聰明人。

習慣指責別人的人，既不可能擁有良好的人際關係，在工作上也不可能獲得自己所需要的協助。

日常生活中，我們不該老是挑剔別人的毛病，指責別人的缺點。應該多費一點心思發掘別人的優點，讚美別人的長處。這樣，待人處事才會更加圓融，在社會中才能得到更多助力。

說話講謀略，做事講策略

馬克吐溫說：「恰到好處的稱讚，是一種高超的處世藝術，只有少數人才能掌握它。」

讚美，是最有效的溝通

法蘭西斯·培根曾說：「與別人交際應酬之時，得體的讚美，比口若懸河更為可貴。」

讚美的話人人愛聽。要獲得別人的信賴、擁戴，就必須想辦法多稱讚對方，不瞭解稱讚藝術，只會一味責罵的人，很難成就一番大事業。

唐朝末年有位學者殷安，經常慨嘆社會混亂，倫常乖舛。

有一天，他又大發牢騷，對學生們說：「自從盤古開天地以來，夠資格被後世尊奉爲聖人的，只有五個人。第一位是具有神性之德的伏羲氏，再來是教導黎民開田墾地的神農氏、伐紂抗暴制禮作樂的周公、教化萬民倫常道德的孔子……」

殷安邊說邊彎下四根手指頭，說到這裡，他想了一想，搖搖頭說：「除了這四位，就再也找不出夠資格的人了。」

「不，老師，第五位聖人就是您。」這時，一位弟子奉承地說。

殷安聽了這番奉承的話，表情突然嚴肅了起來，不太好意思地回答說：「不，我還沒有資格……」

可是，不知不覺間，他已經將第五根手指彎了下來。

這個故事說明了，每個人的潛意識裡，都有強烈的自尊心和虛榮感，認爲自己比別人聰明、優秀，而且希望別人能夠對自己加以肯定；即使言行舉止表現得再謙沖的人也不例外。

因此，交際應酬時，應該掌握人性的這項重要特質，儘量滿足對方想獲得稱讚的心理需求，喋喋不休地談論自己。

法蘭西斯．培根曾經這麼說：「與別人交際應酬之時，得體的讚美，比口若懸河更為可貴。」

俄國大文豪托爾斯泰在《戰爭與和平》裡，也強調讚美別人的重要性。他說：「即使是在最好的、最友愛、最單純的關係中，稱讚也是不可少的。正如同要使輪子轉得滑溜，潤滑劑是不可少的。」

讚美是最有效的溝通方法，可以瞬間縮短彼此的心理距離。

處世之道，貴在禮尙往來。不論在什麼場合，想要獲得別人的信賴、擁戴，就必須多稱讚對方。

不瞭解稱讚藝術，只會一味用舌頭責罵別人的人，在人生道路上必定困難重重，很難成就一番大事業。

説話講謀略，做事講策略

英國思想家索斯說：「言語對於普通人來說，是用來交流思想，但是對聰明人來說，則是用來掩蓋思想。」

用「只有你才能」瓦解對方戒心

當一個人優越感被觸及時，他就會不斷地想要和對方接近。挑起對方的優越感，可以瓦解對方的警戒心理，使他採取積極的回應態度。

俄國文豪托爾斯泰在《幸福家庭》曾經一語道破人與人之間的奧妙心理。他說：「我們早就不認為對方是世界上最完美的人了，每個人都在暗地裡褒貶對方，並且用別人的標準來衡量對方的過失。」

這個世界上缺乏許許多多東西，最不缺乏的就是喜歡對別人品頭論足的人，日常生活中，我們幾乎每天都會遇到這樣的人。

如何以積極的方式加以應對，並且從他們的批評中，萃取出對自己有用的事物，可說是邁向成功的一大捷徑。

美國口香糖大王李格雷是個相當懂得說話技巧的人，在他的傳記中，有一則與潛在心理攻心術有關的故事。

這件事是李格雷還在一家肥皀公司擔任推銷工作時發生的。有一天，一個雜貨店的老闆，突然跑進李格雷任職的肥皀公司，以非常嚴肅激動的口氣叫道：「像你們這樣的公司，一定會垮掉。」

當時，在場的員工聽到這番話都十分生氣，但是，李格雷卻不以爲意地對雜貨店老闆說：「非常對不起！但是我想我們一定非常有緣。我是新來的業務員，請問您有何指教？請給我一點建議吧！把肥皀賣出去是我的責任，您是一個經驗豐富的人，請您教我應該怎樣做。」

這個雜貨店老闆剛開始時很生氣，但是，當他被李格雷客氣而又有禮的言談，觸及優越感和自尊心後，隨即改變態度，和顏悅色地說道：「那……我就告訴你吧，你最好賣便宜一點。」

接著，他對李格雷滔滔不絕地談論自己的生意經，並且越談越起勁，一直說了將近兩個小時。

到最後，他不但把推銷肥皂的訣竅傳授給李格雷，而且臨走時還承諾要大批購買該肥皂公司的肥皂。

當一個人優越感被觸及時，他就會不斷地想要和對方接近。譬如，當上司想和部下談論一件事情時，與其開口說：「我想和你談一談。」倒不如說：「只有和你才可以談這件事。」

這兩句話給部屬的感覺是完全不一樣的。

上司說前一句話時好像帶著壓力，會使部下的內心裡築起一道防禦的牆，而以抗拒的態度來回答。

反之，後依據「只有你才……」的說法，就可以瓦解對方的警戒心理，使他採取積極的回應態度。

另外，像一些會員制的俱樂部、高爾夫球場或五星級飯店，爲了要招募會員，總是利用消費者的潛在心理，採取郵寄廣告的方式，寄上印刷精美的宣傳信函。

這些廣告信函上面不但有醒目的圖案，還有許多誘人的廣告詞，如「唯有像您這樣年收入一百萬以上的人……」，「唯有像您這種××大學出身的人……」，「唯有像你這樣被精挑細選出來的人」……等等，這些用詞無疑都是想觸及接信人的優越感和自尊心。

相信每個人一定有過接到廣告傳單，連看都不看一眼就扔掉的經驗，但是，如果接到類似上述口氣的宣傳廣告時，即使不想入會，也會多看幾眼上面的句子，滿足一下自己的虛榮心。

說話講謀略，做事講策略

J．布朗說：「光顧著談論一些瑣事，而不說讓別人可以記住的話，這樣的人根本不懂得如何談話。」

說話，不要太過情緒化

說話的效果是人際關係的基礎，
說話的效果代表各式各樣的人際關係。
因為人與人之間的遠近親疏都可以從這些「效果」中呈現出來。

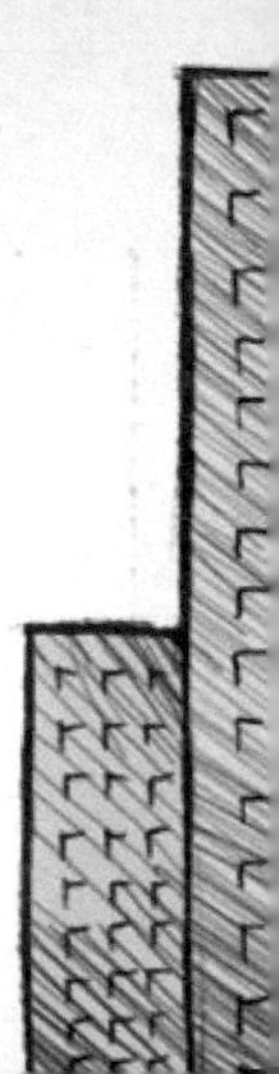

在背後讚美是最高段的恭維

人很自然地會去懷疑面對面說話的人的誠意，但對於背後聽來的讚美就覺得非常順耳，因為誰也不會懷疑讚美者的真誠。

有時候，當面恭維得太多並沒有益處，反倒是間接的頌揚能發揮強大的功效。在別人的背後稱讚他，在各種恭維方法中，要算是最悅人，也最有效的了。

舉例來說，當你知道某某人在背後說你好話，你會不高興嗎？

這樣的讚揚當面說，或許反而收不到良好的效果，因爲人很自然地會去懷疑面對面說話的人的誠意，但對於背後聽來的讚美就覺得非常順耳，因爲誰也不會懷疑讚美者的眞誠。

如何用恰當的方式恭維別人，是社交活動中必學的課程。

羅斯福總統的副官布德，曾經尖銳地批評那些喜歡恭維、巴結羅斯福的人爲「瘋狂的搖尾者」。

布德十分欽佩羅斯福，但他決心不做「瘋狂的搖尾者」，可是沒有幾個人，能像他那樣深得羅斯福賞識。

實際上，偉大的人物並不喜歡整天被人恭維和讚美，尤其是羅斯福，他看不起那些滿嘴只會說恭維話的人，他更歡迎批評他的朋友。布德就是深知羅斯福的這種心理，採取逆向操作，而達到自己恭維的目的。

從羅斯福的例子，我們可以得知，間接的頌揚能發揮強大的功效。

吉斯斐爾勳爵說：「這種馭人術，是一種最高段的技巧。在人的背後稱頌人，那聽的人因為想獻殷勤，會自動地把你的話傳述給你所讚頌的人，甚至會再加油添醋一番；在各種恭維方法中，這種方法要算是最悅人，也最有效的了。」

還有一種間接的恭維方式，是借別人的話來達到自己恭維人的目的。

譬如，倘若某君自認爲對收藏方面頗有鑑賞力，你可以當著他的面說：「某某人曾談起，你對收藏方面的鑑賞力實在無人可及。」

他聽了這番話後，肯定會覺得高興。

這個方式，不外乎使你想要恭維的人，自以爲是別人在頌揚他那優秀的能力，而實際上是你當著他的面，把自己的恭維變成爲別人的頌揚。

說話講謀略，做事講策略

莎士比亞說：「要是你說了一堆自己難以遵守的誓言，就必須知道如何一邊背叛誓言，一邊把自己的信譽保全。」

如何用妙語讓自己脫離窘境

你必須頭腦冷靜地控制自己的情緒，運用語言的藝術，尤其是以急中生智的幽默感去對付尷尬。運用得當，能收到直言難以達到的效果。

話說得體合宜，不僅能表現出自身修養的高雅，也能輕易地迎戰別人的攻擊，透過說話策略與技巧，讓人們接受你的意見或觀點，使人願意接近你，提昇自己的溝通、辦事效率。

我們在日常的社交活動中，總難免遇到一些令人難堪的窘境和難以回答的問題。這時候該如何說話最恰當？

大原則應該是明辨事理，說話得體；該直言則直言，該含糊就含糊，該超脫就超脫。總之，從實際出發，視情況而定。

但是，有一點要特別注意：當有人故意給你難堪並使你的感情受到傷害，你可不要只顧著氣憤，更不要大發雷霆去硬碰硬，那樣只會使矛盾激化，鬧得兩敗俱傷。

當然，你也不可只張口結舌滿臉羞紅，使對方覺得你軟弱可欺，那樣他可能會變本加厲地嘲弄你。

你必須頭腦冷靜地控制自己的情緒，運用語言的力量和說話的藝術，尤其是以急中生智的幽默感去對付。

當然，也可能對方並非惡意，有時候是無心之過。不論如何，你應該牢記的是，無論遇到哪種情況，大原則是恰當得體。

我們與人交談時應該注意，答話時千萬別含糊，否則容易產生誤會，萬一你無法自圓其說，必定陷入窘境，任何說話技巧都無濟於事。

所以，說話的時候，一定要把握主旨和邏輯，要恰到好處，以免言談有失，授人把柄，甚至作繭自縛。

這是避免錯誤，擺脫窘境的根本方法。

假如朋友或同事在公開場合責備你，而情況與事實又有出入，這肯定使你難堪。

這時，你該怎麼辦呢？

你應該心平氣和地直言：「我們是否私下談談？我想請你調查清楚了再說話。不然，我以後很難和你相處。」

倘若親友無緣無故責備你，你也應該明確地跟他說：「你讓我十分難堪，請你告訴我這是爲什麼？我哪裡得罪你了？」

當然，假使是你自己做錯了事，哪怕是無意的，也要誠懇道歉。這就是明辨事理，直言不諱，這才是擺脫窘境的方法。

說話講謀略，做事講策略

德國思想家歌德說：「只要知道自己會多麼經常誤解別人，誰也不會在社交中多說話。」

多傾聽下屬心裡在想什麼？

領導者的觀察入微是與下屬們進行溝通的好辦法。因為，一般而言，當下屬的心情起變化時，他會不自覺地透過表情動作表現出來。

多聽少說、多鼓勵少批評，多以身作則少高談闊論，是領導者與下屬建立和諧關係的重要方法。

領導者面對下屬時，要多傾聽少說話。

領導者擁有一副伶牙俐齒，當然是好事，因爲好的口才是一個優秀領導者的必備素質之一。但是，領導者也一定要記住，凡事過猶不及，不能仗著自己口才好，就整天喋喋不休，對下屬進行疲勞轟炸。

常言道：「會說的不如會聽的」，「禍從口出，言多必失」……等。因此，當領導者與下屬互動時，一定要管住自己的嘴巴，豎起自己的耳朵認眞傾聽，才是上策。事實上，多聽少說，好處非常之多，不僅可給人留下一個穩重內斂的印象，而且可以藉機充分瞭解下情和下屬的心理，還可以使下屬覺得你是一個可以信賴和傾訴的物件，可謂一石三鳥。

但是，聆聽下屬傾訴，也是一門藝術，不能只是翹起二郎腿，一言不發，毫無表情，必須掌握四個重點：

一、要充分關注對方的狀態，對別人所講的話偶爾可以詢問一兩句，表示你對他的話感興趣。

二、要看著對方，不要渾身搖擺不定，眼睛東張西望，或發出各種響聲。除非對方嘮嘮叨叨了，已經耽擱了你許多寶貴工作時間。

三、不要輕易去下結論，無論他所說的是正面的意見還是負面的牢騷，你都不要去爭辯和反駁。

四、努力從對方的言辭中瞭解他真正的心態，既要用耳朵去聽，也要用心去聽，因為有些下屬並不會把他的意思全部明白地表露出來。

再者，領導者要善於對下屬察言觀色。

通常是下屬們對領導者察言觀色，但聰明的領導者往往會反其道而行之，以此來決定自己要採取什麼步驟。

譬如，領導者正在批評一個下屬，一旦發現下屬的臉色呈現出承受不了的表情時，就應趕緊打住對他的批評，換一個角度或改變語氣來對他進行教育，和他聊聊生活瑣事，或跟他談一些他感興趣的話題。

領導者的觀察入微是與下屬們進行溝通的好辦法。因爲，一般而言，當下屬的心情起變化時，他會不自覺地透過表情動作表現出來，如臉部、手腳及眼神的一些小動作，及聲音的大小和語氣……等。領導者往往可以透過這些細微的變化，看出下屬們心中的所想所思。

此外，領導者要善於掌握下屬們的心理狀態。

以「反敗爲勝」聞名的美國克萊斯勒汽車公司總裁艾科卡就是一個善於利用心理學進行溝通的人。

譬如，他主張，當下屬們興高采烈的時候，就要讓他們多做點事；而他們心灰意冷之時，則不要使他們太難堪。

在下屬們取得了成績的時候，經理人員要及時地肯定和表揚。相反的，當下屬因失敗而悶悶不樂時，經理人員千萬不要落井下石，否則，會嚴重損害領導者在下屬心目中的形象。

艾科卡還說過一句有名的話：「要讚揚某人，用白紙黑字，要訓斥某人，就在私下裡說說或打個電話。」

正因爲艾科卡如此地注意下屬們的心理，所以他才贏得了下屬們的支持，樂意聽從他的領導。

說話講謀略，做事講策略

西班牙作家格拉西安說：「如果獨自對自己說話是愚蠢的，那麼在別人面前只聽自己說話，就是雙倍的不智了。」

不要曝露自己的秘密武器

一個人如果過於直白，實際是自我暴露，是把自己的一切翻出來給你的對手看，使你的對手在未來的爭鬥中一槍便打準你的要害。

大家都知道說話辦事的重要性，但是要如何才能訓練自己成爲一個說話辦事高手，建立起更和諧、更廣泛的人際關係呢？

答案是要學會克制自己，不去說可能傷害別人的話，除此之外，也不要輕易暴露自己的「秘密武器」。

《孫子兵法》上說：「不知彼不知己，百戰百殆；知己而不知彼，一戰一殆；知彼知己，百戰不殆。」

毫無疑問，這個原則對作戰的雙方來說都適用。

對自己和對方的情況一無所知，肯定沒有取勝的可能；只瞭解自己的情況而不瞭解對手的情況，那麼勝負的機率爲五十％；對雙方的情況瞭如指掌，那才有取得勝利的把握，才能百戰不殆。

一個人如果過於直白，實際是自我暴露，是把自己的一切翻出來給你的對手看，使你的對手在未來的爭鬥中一槍便打準你的要害。

如果說話含蓄一點，模糊一些，那麼對手就莫測高深，不知道你的所思所想，不知道你的秘密武器，更不知道你的要害所在。

唯有這樣，才有可能置對手於不利位置。

概括地說，「逢人只說三分話」至少有以下幾點好處：

1. 使對手無法知道你的真實想法；

2. 使對方在對你的攻擊中無從下手；

3. 迫使對方只能處於守勢；使你的出擊居於主動。

以上所講的只是謹防禍從口出，這與「縱是實話也虛說」在道理上是一樣的，只不過「縱是實話也虛說」相對地講具有某種攻擊性的意味。

因為它不單單是自己不要暴露自己，而且要更進一層，要用「實話虛說」給對方製造混亂，向對方施放煙霧彈，從而達到使對方不知所措，從而迷失的目的。如果用《孫子兵法》上的說法叫做「亂兵引勝」，就是使對方發生混亂，以致將已經到手的勝利也丟失得無影無蹤。

逢人只講三分話是守，實話虛說則傾向於攻。只有攻守兼備才是致勝的唯一途徑。

說話講謀略，做事講策略

英國作家包斯威爾說：「談話的時候總是為了炫耀自己的人，永遠不可能討人喜歡。」

從說話態度推測一個人的性格

說話抑揚頓挫變化激烈的人，通常有卓越的說服力，給人善於言詞表達的感覺，但這也是自我表現慾望強烈的證據。

美國心理學泰斗亨利．詹姆斯曾經提醒世人說：「一個人所讀的書，所交的朋友。嘴裡所說的話語，乃至說話方式，都是他內在性格的表露痕跡，其中又以說話方式最值得我們觀察注意。」

一個人說話的聲調和速度非常重要，可以從中觀察出他的心理狀況。

要是對方說話的速度放慢，表示他對你有所不滿。相反的，說話速度加快，則是他在人前抱有自卑感或話中有詐的證據。

突然快速急辯也是同樣的心理。例如，罪犯在說謊時，根本聽不進旁人在說什

麼，只會滔滔不絕地爲自己辯護，因爲，他們有不欲人知的秘密藏在心裡。

也有的人說著說著，會突然提高了音調叫道：「連這個都不懂！這個連小學生都會的你也不懂！」

像這樣惡形惡狀的咆哮，是期望別人服從自己；相反的，假如音調突然變得低聲下氣的話，則是自卑感作祟，或膽怯、說謊的表現。

說話抑揚頓挫變化激烈的人，通常有卓越的說服力，給人善於言詞表達的感覺，但這也是自我表現慾望強烈的證據。

說話小聲、言詞閃爍的人具有共通的特點，如果不是對自己沒有自信，就是屬於女性性格，和低聲下氣的說話類型心理相似。

也有的人喜歡在一個話題繞個沒完、扯個不停，就算你想阻止他繼續說下去，明白地表示：「我已經瞭解你要說的意思了！」他卻絲毫沒有停下來的樣子。這種說話的方式，是害怕對方反駁的證據。

也有的人只會隨便附和幫腔，例如：「你說的沒錯！」「說得是！」……等等，這種人根本不理解別人在說些什麼，同時對談話的內容也一竅不通。

如果你在說話時，有人在一旁當應聲蟲，你必須明白這一點才行。要是你誤以爲對方瞭解你的談話，那你就變成丑角了。

其實，每個人說話都有一定的特性和習慣，某些常用的詞語與字眼，往往反映出說話者的眞實性格。

在談話中常使用「我」的人，是自我表現慾相當強烈的人。

在對話中，大量摻雜外文的人，可能在知識方面相當廣泛，但也有可能是一知半解，只是藉此遮飾自己的才疏學淺。

也有人喜歡用「我認爲」、「我想」……之類的口氣，這種人看似愼重，其實也有可能是膽怯的象徵。

這種人個性陰晴不定，對別人的警戒、防衛心理也相當強烈。初見之下，似乎和藹可親，但是當你放心地與他親近時，他又會擺出一副冷若冰霜、瞧不起人的姿態，所以和這種人相處需要相當謹愼。

除此以外，一見到女人就刻意表現出溫柔親切的態度，或有意無意說出性方面用語的人也不少。

在女性面前，突然以謹慎恭敬的口氣說話的男人，都屬於雙重性格的人，這種人通常在職業上被壓抑，例如學者、醫生、律師、政客……等腦力勞動者居多。

至於說話中從不涉及性方面用語的人，並不表示他們特別純潔高尚，這種人往往是繃著面孔的假道學，與這種人交往，更應特別小心。

說話講謀略，做事講策略

哈茲里特說：「當我們對別人表現出極大的蔑視時，那正說明了我們與對方其實相去不遠。」

別人為什麼把你的話當成耳邊風？

說話時，自己要常先在心裡自問：「這樣說可以嗎？」否則，對方可能會「有聽沒有懂」，甚至把你的話當耳邊風。

英國作家哈代曾說：「有些人就像行星一樣，行動的時候，總是會把周圍的氣氛帶動起來。」

在現實生活中，有的人不管走到哪裡，都處處受人歡迎，做起事來左右逢源。有的人卻寸步難行，即使在家庭、學校或工作場合，做事也處處碰壁，幾乎沒人願意和他進行良性互動。

其實，造成兩者之間的差別，原因就在於是否懂得拿捏說話的方式和分寸。只有懂得如何說話辦事的人，才可能吸納周遭的能量供自己使用。

透過打招呼與自我介紹，我們可以抓住人際關係的契機，善用日常會話則更能促進彼此之間的交情。

日常會話的目標並非討論深奧的議題內容，或解決難纏的問題，主要是在放鬆心情，享受對話的樂趣，謀求彼此心靈的交流。

透過會話還能滿足一些需求，諸如轉換氣氛或表現自我。

因此，為了加深人際關係，或增強辦事效率，磨練自己的會話能力是非常重要的。需要注意的事項如下：

明白會話中的真正意思——也就是會話中一起交談的事情。

因為會話並非僅由特定的人唱獨角戲，而是與對方交換的共同行為。

會話具有回應的特性——不管提到什麼事，有人都會不耐煩地回答「哦」、「不」等無精打彩的話，這將無法使會話熱鬧起來。

造成這種情況的主要原因，多半是沒有回應的話題，或者有一方意興闌珊，無意參與該會話。

其實，只要有豐富的談話題材，會話就不會冷場。

因爲，人類具有自我表現的本能和需求，因此，一旦有說話的機會時，就會自發性地想說話。如果一來一往不斷地進行，會話的過程就會起勁，參加者的心靈交流就更加活潑。

對於充實話題方面，先決條件是當接觸事物時，不要失去新鮮感，要維持精神的年輕。如果未受感動，將是精神的老化現象。

不要陷入自以為是的話題——很多人像雜學博士一樣萬事通，並認爲那才是會話高手的條件，實際上這是一種誤解。

雖然會話是一件相當重要的事情，但如果盡談些對方不感興趣的話題，等於一個人自說自聽一樣。

會話起勁的重點是，以說話者與聆聽者共通的話題交談。倘使有人將會話流於說教，當然使人厭煩。

留意不違反規則——不要在別人說話的時候潑冷水，或在話中找碴，以及獨佔講話的時間……等，這些都違反會話的基本原則，如果一再違反這些原則，別人將會對你「敬而遠之」。

說話時，自己要常先在心裡自問：「這樣說可以嗎？」否則，對方可能會「有聽沒有懂」，甚至把你的話當耳邊風。

就算是平常的聊天，如果你所說的話不經大腦，無法使對方明白自己究竟在說什麼，也容易在不知不覺之間使聽講的對方藉機遁逃，最後就會變成自己一人唱獨角戲的局面。

說話講謀略，做事講策略

薩笛說：「口中的舌頭是什麼?它是智慧寶箱的鑰匙，只要不打開，誰都不知道裡面裝的是珠寶還是雜貨。」

用舌頭塑造自己的形象

你可以透過外在的語言去欺瞞、誤導對方，也可以透過行為塑造出自己想要的形象！這形象既可以是真象，也可以是假象。

心理學家都認爲，人與人交談過程中，無論是談論商務還是談情說愛，四目交投的最主要目的，在於探索、揣測對方的反應。

通常，我們只能根據和談話對象不經意流露的眼神和細微的行爲反應，來判斷對方的心理狀態。

觀察對方的肢體動作和所說的言語，揣摩對方的想法，洽談生意的人可以選擇最適當的時機，提出對自己有利的條件，談情說愛的人也可以順水推舟，藉機讓彼此的關係更加親密。

但有趣的是，不管對方的眼神流轉或肢體語言是否表現出「鼓勵作用」，其實，我們看到的只是對方的外在表情，無法確切知道對方的心裡究竟打什麼如意算盤。也就是說，和別人「交手過招」，你只能明確知道自己在想什麼，至於對方，只能憑一些細微表情去判斷他的意向。

儘管我們可以「假設」對方的表情已真實反映了他的內心世界，也可以認為自己的「假設」非常正確，可是，事實往往會與自己所虛擬的情境有所出入。

現代禪學大師南懷瑾曾說：「人心與學術一樣，都是詭怪得難以理喻，古今中外均是如此。」

譬如，當你慷慨激昂地發表演說，或是與朋友侃侃而談時，別人或許可以從你的言談和肢體語言，隱約猜測出你的心理狀態，但是，絕對無法全盤瞭解你縱橫交錯的心思，只有你才能確切知道自己心裡正在想什麼，至於旁人只是根據你的言談和表情加以揣摩。

對旁觀者來說，「你」這個人完全由「你的行為」來代表，他們只能根據你的談話和行為來判斷你大約是屬於哪類人，而難以深入你的內心世界，透徹瞭解你到

底在想什麼。

莎士比亞曾經說：「世上還沒有一種方法，可以從一個人的臉上探查出他的居心。」這番話告訴我們，人絕對可以透過刻意整飭過的行爲，虛擬一個對自己有利的形象，贏得別人的好感，減少許多無謂的摩擦和阻礙。

所謂「知人知面不知心」，強調的就是，我們對一個人的瞭解，常常只是冰山裸露的一角。因此，你可以透過外在的語言去欺瞞、誤導對方，也可以透過行爲塑造出自己想要的形象！

這形象既可以是眞象，也可以是假象。不信的話，從現在起，你就可以試試。

說話講謀略，做事講策略

美國作家豪說：「在蠻荒的古代，人們用斧頭相鬥；文明人埋掉了斧頭，他們的格鬥靠的是舌頭。」

說話，不要太過情緒化

說話的效果是人際關係的基礎，說話的效果代表各式各樣的人際關係。因為人與人之間的遠近親疏都可以從這些「效果」中呈現出來。

中國有句諺語說：「路不要走絕，話不要說死。」這樣的說話方式或許有些滑頭，但可以給自己留一個轉寰的空間，不至於一下子就自己逼到牆角。

一般來說，當你碰到自己喜歡的人向你提到：「有件事情想請你幫忙，但是……」你肯定會先表態，搶著說：「我替你辦！究竟是什麼事情呢？」然後，再瞭解事情的內容。

但是，如果是你很討厭的人要請你幫忙，你的回答肯定就不一樣了，你可能會答道：「究竟是什麼事？我手頭上還有許多重要的事要辦，恐怕……」一開始就擺出拒絕的態度。

這個例子說明，即使是相同的一件事，由喜愛的人提出或是由討厭的人提出，接受的方式必然完全不同。如果是喜愛的人，就算再忙也會勉爲其難答應，反之，接受的程度就會大打折扣。

譬如，有人多次在你面前提到H先生總在背後說你壞話，如果你對H先生的印象很不錯，你也許就會回答說：「不會的，他那個人我瞭解，他不會背後說人的壞話。」或者至多問一句：「眞的嗎？」

如果H先生是一個你很討厭的人，你的反應就截然不同了。你肯定會答道：「哼，果然是他在背後說我壞話！」或者說：「我早就料到了，他就是這麼討厭的小人。」

其實，不管多麼冷靜理性的人，要完全戰勝自己的情緒，來接受別人的話，都是一件困難的事情。

說話的效果是人際關係的基礎，換句話說，說話的效果代表各式各樣的人際關

係。因爲人與人之間的遠近親疏都可以從這些「效果」中呈現出來。

我們提出的事情能被欣然接受，無疑是件值得高興的事，因爲，很多時候我們所說的話會遭到惡意扭曲，或者一開始就被拒絕，令自己尷尬不已。

想要避免這些難堪的局面，平常就要預先建立好人際關係。

當然，萬一達不到，或是在講話途中有一點小誤會，除非你想惹人討厭，否則，最好先戰勝自己的情緒再開口。

說話講謀略，做事講策略

英國作家斯威夫特說：「在交談當中，有的人用些陳腔濫調折磨著每一個賓客，不讓自己的舌頭休息片刻，卻自以為是學識淵博。」

利用「共通點」拉近彼此的距離

只要找到正確的切入點，就算是完全陌生的兩個人，也會因為這個小小的共通點而更加親近，獲得支援。

有位名叫哥德思的年輕人，創辦了一份婦女雜誌，但是，只要是稍有名氣的作家，都不願意幫這本小雜誌撰寫文章。

其中，有位著名的作家，亞爾考德女士，她的作品在當時非常受到歡迎。

但是，不久之後，這位女作家卻和哥德思成了莫逆之交。

很多人都問哥德思，究竟是用什麼方法爭取到亞爾考德女士的支援？

原來，哥德思經過調查後得知，這位女作家非常熱心於慈善事業，於是他就從參與慈善事裡著手，慢慢地與她建立交情。

不久，哥德思邀她寫文章，爲表示誠意，還以一百美元捐贈換取一篇文章，以贊助她的慈善事業。

其實，哥德思只是把稿費的名稱換了一下，而這個贊助慈善工作的名義，不僅讓亞爾考德女士感到十分親切，也慢慢地對哥德思和他的雜誌產生了好感。

哥德思的雜誌因爲有了亞爾考德女士的支持，終於漸漸地打出了知名度。

另外，紐約有位頗負盛名的編輯，名叫肯敏思，也因爲懂得運用彼此的「共同點」而獲得自己想要的工作。

在十八歲那年，他來到了紐約，希望在這裡找到他夢想中的編輯工作。但是，想在這個競爭激烈的大都市裡找到一份工作，其實並不是件容易的事。

在履歷上，肯敏思唯一的專長，便是印刷廠裡的排字工作。

不過，他知道《紐約新聞》的現任老闆格里萊，小時候也和自己一樣有著相同的經歷，因此他自信地料定，格里萊會因爲這一點而錄用他的。

沒想到，眞的被肯敏思給料中了，他果然被錄取了。

格里萊從肯敏思的身上看到了過去的自己，使他對肯敏思產生了同情，甚至有了扶持相助的心理，當然，這正是肯敏思所希望得到的。

人與人之間要拉近距離，眞的需要花點心思，不管是從相同的學經歷來親近，還是以投其所好的方式拉近距離，在人際關係的經營上，本來就需要花費許多心思，才能從中獲得更多的協助和機會。

只要找到正確的切入點，就算是完全陌生的兩個人，也會因爲這個小小的共通點而更加親近，獲得支援。

說話講謀略，做事講策略

亞歷山大．希亞姆說：「不懂得動腦的人，就好像在下雨的夜晚，開著沒有雨刷的車在高速公路上行駛一樣，隨時可能遭遇不測。」

05

提防高談闊論的小人

一個人的價值在於他完成了什麼事，
不在於他說了什麼話。
只會使用華麗的詞藻高談闊論，
根本毫無用處，只會惹來別人的陣陣訕笑。

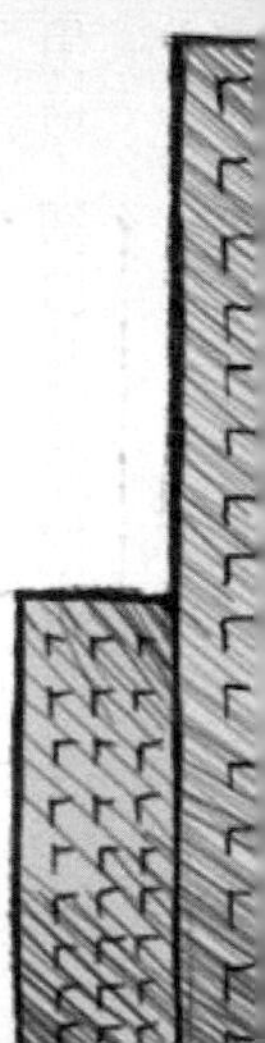

提防高談闊論的小人

一個人的價值在於他完成了什麼事，不在於他說了什麼話。只會使用華麗的詞藻高談闊論，根本毫無用處，只會惹來別人的陣陣訕笑。

在生活周遭或者工作場合，我們常常會碰到善於吹牛並且強詞奪理的人。千萬不要和這種專逞口舌之能的人做朋友，應該儘快和他們疏遠，即使因爲種種因素無法擺脫他們，也應該設法保持一定距離，防止他們走進自己的生活圈，否則最後受害的將是自己。

在現實生活中，也有許多喜歡動口不動手的人。有的人則胸無點墨，只會仗著一張嘴大說歪理，試圖以花言巧語矇騙對方。

有的人本身成事不足敗事有餘的人，從未幹過像樣的事情，卻口若懸河把自己說得如何傑出。

有的人明明是混不出名堂的窮光蛋，卻老是幻想自己是億萬富翁，開口閉口都是巨額的投資計劃；有些不會自我管理的人，連自己都無法駕馭了，卻可以大言不慚地談論領導秘訣。

目前社會中，這種不學無術的人到處可見，我們應該小心地加以防範，不千萬要被誇大不實的謊言所矇騙。

相對的，我們也應該時時提醒自己，要腳踏實地去實踐自己的計劃和理想，不要淪爲滿腦子想法，只會用嘴巴建造空中樓閣。

必須記住，一個人的價值在於他完成了什麼事，不在於他說了什麼話。只會使用華麗的詞藻高談闊論，試圖僞裝自己，在現實環境根本毫無用處，只會惹來別人的陣陣訕笑。

譬如，有些企業負責人或是生意人，總是在別人面前議論國家財經政策，或是口沫橫飛大談企業經營謀略、管理方法，而自己的公司或工廠卻瀕臨倒閉，這豈不是一種絕大的諷刺嗎？

沒有內涵，卻善於耍弄詭辯自欺欺人的人，永遠也成不了大事。

在日常生活中，我們應該多做點實實在在的事，少耍嘴皮子玩弄詭辯的花招。

同時，對於那種光會耍嘴皮子說大話的人，也要敬而遠之，千萬別把他們當作好朋友交往。

說話講謀略，做事講策略

美國作家愛默生說：「只要說話時把全人類當作自己的競爭對手，談話就成為一種藝術，因為那是人活著天天都在實行的。」

如何讓自己「出口成章」

要使自己在交際活動中「出口成章」，一定要有良好的「語感」基礎。如果你覺得自己的語言能力還有所欠缺，那麼，就請你從繼續努力吧。

有的人說話出口成章，有的人說話卻像狗嘴吐不出象牙一樣，這究竟是什麼原因造成的呢？原因有兩種，一是心理素質不同，二是語言能力有差別，通常的狀況是兩者都有。

撇開心理上的障礙不談，語言功能不行的人，常常有話想說卻又一時之間找不到恰當的詞語，或是說話的時候斷斷續續，難以連貫，結果是心裡想的一個樣，嘴裡說的又是一個樣。

一個人的口才好壞，取決於他的「語感」。

培養「語感」是訓練語言能力的重要一環；「語感」敏銳與否，可以說是一個人的口才、學識和智慧的標誌。

所謂「語感」，是指一個人對語言的感受能力和反應能力。

書面文章可以有著思考的餘地，但是口語表達就必須是直接溝通、即興構思，無法塗塗改改。敏銳的語感、機智的口才絕非才子名人的專利，任何人都可以藉由後天的努力培養而成。

培養「語感」著重在以下三個方面：

一、積累語言素材

積累「語感」素材，主要是指積累辭彙。

辭彙的數量遠比一般文字活潑龐大。我們要培養敏銳的「語感」，首先要積累辭彙，否則，「語感」只是空中樓閣。

積累辭彙的方法是處處留心。

平時讀書看報章雜誌、與人交談、聽課、收聽廣播、觀看影視……等等，隨時都能獲得新的、有用的詞語，尤其是閱讀優秀的文學作品，更能獲得豐富的詞語。

關鍵是要費心認清每個詞句的音、形、義，隨時儲存在記憶中，選抄在筆記中，使用在表達中，久而久之，就會有許多精詞妙語供你隨時隨地選用了。

積累豐富的辭彙後，說話時還要做到聲情並茂、字正腔圓等等。

與人交談時，如果你有很多的詞句可以渲染氣氛或交相運用，自然就會給人博學多識的印象。

當然，辭彙不可濫用，用得過火，也會造成賣弄的印象。

二、辨析詞語特點

詞語的運用方面，有許多微妙而複雜之處，「語感」的敏銳意味著用詞選句之時又快又準，因此，必須對每個詞句的意思、程度以及相互搭配的特點加以分辨。

例如，「講話」、「講課」、「講解」、「講座」、「講演」……等詞，主要的意思都是講，但內容、對象、場合和範圍有所不同，是不能互相代替的。鍛鍊「語感」必須從這些細微之處入手。

此外，同義詞、近義詞的不同意味也要多加注意，如果忽視了其中的細微差別，把貶義詞當作褒義詞或中性詞使用，或把僅適用於書面的詞語用在口頭上，那就會

丟人、鬧笑話。

口頭話語和書面文字的區別也是一個值得注意的問題。有些詞句只適於口頭或書面，用反了也會鬧出笑話。譬如「一日曝之，十日寒之」，用在文章之中未嘗不可，但口頭上這麼說，別人就會笑你咬文嚼字，是個食古不化的書呆子。

三、養成遣詞造句的習慣

培養遣詞造句習慣的主要方法是多聽多讀，經常接受良好的語言刺激和薰陶。所謂「良好」是指語言的質量較高，既生動又簡潔。

有些尚未學過語法的孩子爲什麼說話通順，頭頭是道呢？因爲，他從大人的言談話語中得到了良好的薰陶。

學校裡的語文課爲什麼要學許多典範文章呢？因爲，這些典範文正是遣詞造句、組織語言的示範。

語言能力較強的青少年，爲什麼大都得益於大量的課外讀物呢？因爲，大量閱讀有利於培養敏銳的語感。

我們說的話和書報上印的文章、句子，數目是無限的，可是句子的構成格式是有限的。如果我們多聽多讀，經常接受質量較高的語言刺激，那麼無形之中，我們就會養成一種正確的遣詞造句的習慣。

總之，要使自己在交際活動中「出口成章」，一定要有良好的語感基礎。如果你覺得自己的語言能力還有某些欠缺，那麼，就請你從以上的三個方面努力吧。

說話講謀略，做事講策略

塞坦蒂說：「談話就好像是在做一份沙拉，除了蔬菜之外，還得配上各式各樣的佐料。」

說話的時候，要看緊自己的舌頭

粗心大意的話可能招致想像不到的危險，殊不見，在這個光怪陸離的社會，發展成犯罪行為的，也可能是異想天開的幾句話。

美國作家霍姆斯曾經說：「談話有如彈豎琴，如何讓它停止發出聲響，和如何讓它奏出樂音，兩者同樣重要。」

這番話無疑告訴我們，不管在什麼場合，與別人交談之時，小心謹慎永遠比賣弄口舌來得重要。

有的人往往因爲多話，一時口快而引起不必要的困擾，事後懊悔不已。

少說話會降低出錯的頻率，不過相對的也會失去自己受到別人肯定的機會，這無疑是兩難的抉擇。

折衷的方法是，只在必要的時刻說出必要的事情，並且以正確適當的方式表達自己的想法，才是明智之舉。

常常在背後談論是非或說別人壞話，是要不得的行爲。

所謂「隔牆有耳」，在背後議論別人，最終難免會傳至當事人的耳內，導致彼此心中滋生怨懟、憎惡。

尤其是在辦公室，同事之間關係極爲敏感，你所說的每一句話，有心人肯定聽得一清二楚，並且會加油添醋轉告當事者，矛盾自然就產生了。

一個非常注意身體健康，日常生活規律，且每天慢跑鍛鍊體魄的人，倘使由於粗心大意闖了紅燈，以至於被車撞傷，最終成了植物人，那麼，他以往的努力就會瞬間化作泡影。

說話又何嘗不是這樣？

因此，說話的時候要看緊自己的舌頭，注意隨時謹言慎語，避免因一時的出錯而惹來終身的遺憾。

粗心大意的話可能招致想像不到的危險，這可不是危言聳聽。殊不見，在這個

光怪陸離的社會，造成離婚的導火線，也許只是幾句不中聽的隻字片語；發展成犯罪行爲的，也可能是異想天開的幾句話。

這類意想不到的事情其實並不少見。由此可知，隻言片語釀成大錯的危害性，是不能輕率地加以忽視的。

說話講謀略，做事講策略

愛比克泰德說：「大自然賦予人一條舌頭和兩個耳朵，為的是讓人聽到的話兩倍於說出的話。」

注意談話的十點忌諱

不要當別人對某話題興致勃勃之時，你卻表現得不耐煩，並將話題轉移到自己感興趣的方面去。

談話的藝術或是得體的交往，常常考驗著我們的應對進退能力，其中的要訣是視實際狀況，時而抓住某些議題，時而避開某些議題。總之，就是要使談話的過程保持愉快，如此才對自己最有益處。

英國思想家法蘭西斯．培根曾經勸告世人說：「如果你將愉快的心情分享朋友，你將會加倍快樂。」

要使自己和別人同時擁有愉快的心情，我們除了要注意自己的儀表、禮節、舉止以外，還應該注意自己的談吐。

必須記住，任何令對方不愉快的談話形式，都是不禮貌的表現。

因此，爲了使自己在交際活動中能夠左右逢源，應該提醒自己注意以下與人交談的十點忌諱。

1. 不要打斷他人的談話，或是搶接別人的話題。
2. 不要使用只有自己才知道的簡略說法，使對方一時難以領會你的意思。
3. 不要分散注意力，使別人再次重複已經談過的話題。
4. 不要連續發問好幾個問題，讓對談的人覺得你的態度過分尖銳或要求太高，很難應付。
5. 不要對別人的提問漫不經心，使他感到你不願傾聽他的敘述或助他一臂之力。
6. 不要隨便解釋某種你不很清楚的現象，也不要對別人談話內容輕率妄下斷語，藉以表現自己內行。
7. 不要虛虛實實，或顧左右而言他，令人迷惑不解。
8. 不要一再強調某些與主題風馬牛不相及的枝微末節，使人感到厭倦、窘迫。
9. 不要當別人對某話題興致勃勃之時，你卻表現得不耐煩，並將話題轉移到自己感興趣的方面去。

10. 不要將正確的觀點、中肯的勸告佯稱為是錯誤和不適當的，使對方懷疑你話中有戲弄之意。

說話講謀略，做事講策略

愛迪生說：「說話時，溫和友善的妙語更使人歡愉，那是一種比美貌更為悅人的風儀。」

誘使對方朝著你的方向走

雖然運用兩者中選擇一種的方法，常會產生許多障礙，但是，可以迫使處於疑惑不決的對方，朝著你所希望的方向去選擇。

美國演說家赫拉在提到如何運用「潛在心理術」時，經常引述歷史上偉大人物的政治演說，以下是他最常提到的例子。

古代羅馬的政治家布魯斯特在殺害凱撒之後，有一場說服長老院長老的演說，其中一段話是這樣說的：「你們是希望讓凱撒死，而你們大家過自由的日子，還是希望讓凱撒活著，你們都淪爲奴隸終至死亡？這兩者，你們要選擇的是什麼？」

事實上，這段演說主要是爲了讓長老院的長老，放棄其他選擇的辦法，迫使他們在「自由」或「死亡」之中進行選擇。

另外，還有一句名言：「不自由，毋寧死。」這是美國人爲了擺脫英國的統治，巴特利克郭利所說的一句話，又可稱爲是獨立戰爭的宣戰宣言。

選擇一個好的獨立宣言，對當時的美國人來說非常重要，因爲萬一失敗，是會被當作反叛者而處以極刑的。

爲了避免人們的迷惑，要人民自己做決定，於是巴特利克郭利採取了二選一的方法，他的名字留傳後世，那就是：「要鎖鏈還是要隸屬？要英國還是要戰爭？」以及「不自由，毋寧死」等等。

以這種強調一方的缺點，而在兩者中選一的方法，在自然的情況下，聽衆一定會選擇你希望中的那一個。

即使該項選擇的利益非常微小，但因爲別無其他選擇，聽衆也只有勉爲其難地選擇這一個。

雖然運用兩者中選一的方法，常會產生許多障礙，但是，可以迫使處於疑惑不決的對方，朝著你所希望的方向去選擇。

例如，當你要說服正在選擇學校的人時，可以這樣說：「與其勉強進入一流的

學校，在競爭中產生挫折感，還不如進入二流的學校，自己努力讀書，反而更能產生自信心。」

像這種說服方式，一定可以解除正處於彷徨猶豫的考生和父母的疑慮。

說話講謀略，做事講策略

英國作家哈茲里特說：「交談的藝術，不只是讓人聆聽的藝術，也是聆聽別人說話的藝術。」

反唇相譏只會傷害彼此的關係

無論你的下屬對你造成怎樣的傷害，千萬不要和他吵架，一定要保持冷靜。一個成功的領導者首先要做的就是訓練自己的包容力。

蘇聯有句諺語：「該用舌頭的地方，用拳頭並不能解決問題。」其實，所有做出蠢事的人，都是在拳頭跑得比舌頭快的時候產生的，因此，做任何決定之前必須牢牢切記，許多事是用語言的力量可以巧妙解決的，又何必非得動用拳頭呢？

成功的領導者首先應是一個寬宏大量的人。

身為領導者，首先要有寬闊的胸襟，這既是一個人成就事業的必備條件，也是一個領導者能否得到下屬好評和認可的必備條件。

我們很難想像，一個器量狹隘、睚眥之仇必報的領導者會受到下屬們歡迎，即使他有很高強的能力。

譬如，有的領導者一遇到下屬犯了點小錯誤，便從此看他不順眼，下屬當面提了幾個意見，或是在背後講了幾句不是，就懷恨在心，處心積慮要找機會加以反擊報復，久而久之，就沒有下屬會服從、支持他的領導。

因此，領導者一定要有博大的胸懷，要嚴於律己，寬於待人，能虛心聽取各種不同的意見和建議。

如果領導者老是在小事上斤斤計較，毫無容人的雅量，對一些陳年舊帳念念不忘，在心理上把自己和下屬的隔閡鬧得越來越大，就不可能把下屬們團結起來，也極不利於開展工作和下達命令。

一個成功的領導者，一定是一個有涵養、心胸寬大的人，能以寬容代替報復，以禮貌代替冷嘲熱諷，不會將心思繫於瑣事上，不會將氣惱掛在心頭；除此之外，對於不同脾氣、不同嗜好、不同優缺點的人，都能誠懇和他們溝通，使他們團結在自己領導之下。

即使是某一位下屬高傲自大，目中無人，不服從領導，領導者仍要儘量展現自己的善意，不能動不動就用手中的權力去加以懲罰教訓，只有品德、器量才能服人，權力有時並不能達到自己的目的。

領導者的大忌是在公眾場合與下屬吵吵鬧鬧，這不僅永遠無法彌補被你傷害的人，而且，其他人看了也會寒心，甚至於以前在團結下屬上所費的一切心思、努力都將付之東流。

譬如，下屬當眾頂撞你，或侮辱你，你該怎麼辦呢？是利用自己所掌握的權力，給他一個下馬威？還是找個恰當的時間，約他聊聊，化解一下矛盾和誤會呢？

很顯然的，後者的效果比前者要好得多，往往你的下屬就因這種寬容和以德報怨的氣度而大受感動，從此支持你的工作。

有一些領導者喜歡在公眾場合和下屬們鬥嘴、吵架，甚至以權力相威脅，這種行為是極不恰當的。

必須記住：在任何時候，無論你的下屬對你造成怎樣的傷害，千萬不要和他吵

架，一定要保持冷靜。

因為，吵架只會兩敗俱傷，傷了和氣。

一個成功的領導者首先要做的就是訓練自己的包容力，包容各種類型的人，無論你的下屬與你有什麼過節，有什麼矛盾，或是經常對你的工作或能力評頭論足，你還是應該用寬容的心胸去包容他們，而不是用你手中的權力去對付他們。還擊只會使事情和關係變得更加糟糕。

說話講謀略，做事講策略

薩笛說：「誰要是為了展示自己的知識庫而打斷別人的談話，他就會使自己變得令人討厭。」

裝腔作勢不如裝聾作啞

人面臨窘境，裝腔作勢反而會暴露缺點，還不如裝聾作啞，暗中使勁。在某些場合，對於某些難以回答而又不好迴避的問題，你可以含糊其辭，模稜兩可。

俗話說：「話不投機半句多」。當你和朋友的談話陷入窘境時，不妨試著轉換話題，特別是提出對方感興趣的話題，就會使談話很快恢復正常，使氣氛活躍起來。

話不投機還有一種情況，就是有人有意或無意地開玩笑。

例如，某人脫髮，快變成禿頭了，有人挖苦他是「電燈泡」、「不毛之地」。在這種情況下，他若是幽默地一笑置之並說：「這證明我是『絕頂』聰明！」這樣答覆，話題未轉，內容卻轉折了，既表現出豁然大度，又擺脫了窘境。

話不投機的另一種情況是雙方意見對立，儘管談不攏，但問題還要解決，不能迴避。這種情況，就需要迂迴側擊，才能曲徑通幽。

洽談生意、聯繫工作的時候，我們隨時可能陷入僵局，只要還有轉圜餘地，就應該試著提出新話題。

遇到窘境的時候，轉移話題或許能開闢新的途徑。

在某種勾心鬥角的場合，如果處境對自己不利卻又無計可施，什麼也不能表示，那就索性裝聾作啞，避免落入對方設計的圈套。

一九四五年七月，美、英、蘇三大國首腦在波茨坦進行會談。有一次休息之時，美國總統杜魯門故意對史達林透露，美國已經研製出一種威力極大的炸彈，暗示美國已有原子彈。

這時，邱吉爾也兩眼直盯著史達林，想觀察他的反應。

然而，史達林好像什麼也沒聽見，並未顯露出絲毫表情。

其實，史達林聽得很清楚，當然也聽出了杜魯門的弦外之音，內心焦灼不安。因爲，會後他立即告訴外交部長莫洛托夫說：「加快我們的研製進度。」

一個人面臨這種窘境，裝腔作勢反而會暴露缺點，還不如裝聾作啞，暗中使勁。

在某些場合，尤其是社交和外交場合，對於某些難以回答而又不好迴避的問題，你可以含糊其辭，模稜兩可，作隱晦籠統的回答，如「可能是這樣」，「我也不太瞭解」……等等，既擺脫了對方的糾纏，又給自己留下迴旋餘地。

再如有人和你因爲某事爭執不下，而又鄙視你說：「你懂什麼？跟你爭論簡直是對牛彈琴！」

你可立即接引起來回敬對方：「對！牛彈琴。」

這種直接的反唇相譏的方法常常見到，但總有爭辯之嫌，效果不如幽默好。

要想做到巧問巧答，最根本的是掌握說話的藝術，從實際情況出發，運用得當才能化險爲夷。

說話講謀略，做事講策略

馬克吐溫說：「恰當的言詞可能會十分有效，但任何言詞也比不上一個適當的停頓那麼有效。」

別讓臉色洩漏了你的心思

人的臉部比其他一切部位更靈敏，表情不是靜止的東西。感情的變動會隨時在你的容貌上顯示出來，你的喜怒哀樂都能從臉找到影子。

人的臉部表情最爲豐富。據某些研究資料推測，一般人的臉部表情達二百多種，至於那些電影明星的表情就更多了。

有一本書上說：「臉部是人體中提供非語言感情傳遞最多的場所。」

儘管有些人不同意這一觀點，認爲手是傳遞資訊最多的，但是他們也認爲，有些臉部表情，是手無法傳遞的。

例如，我們與別人面面相對，在說話之前，看對方臉色，大致就可以瞭解他的心理狀態，即是由於我們在不知不覺中，已經開始察言觀色。

臉部所流露出來的感情無須特意推究，就能看出對方心理。因爲，人的臉部是心靈或是內在想法的直接表示，從臉部表情的改變，可以準確看出一個人的心思。

如果你一天到晚板著臉孔，人家就會知道你有一副惡劣的脾氣。假如你老是皺著眉頭，也許是你在凝思什麼，但人家一看見就以爲你在討厭他們。

臉部表情也能夠表達震驚或詫異。在這種情緒狀態下，一個人的嘴會張得大大的，由於震驚，下顎的肌肉會放鬆。

當然，有時候嘴巴無意識地張開，並非是由於震驚，這種情形發生在一個人非常專心於一件事時，例如一個人專心組合精細的機械零件時，眼睛之下的每一條肌肉會完全放鬆了，甚至有時連舌頭都會伸出來。

人的臉部比其他一切部位更靈敏，表情不是靜止的東西。感情的變動會隨時在你的容貌上顯示出來，你的喜怒哀樂都能從臉找到影子。從臉部和態度的改變，也可以看出你對別人的好惡如何。

在談判桌上，可以觀察到許多面部表情。例如，一個極具有攻擊性的談判者，

會把談判看成是「你死我活」的競技場。他臉部的典型特徵是：睜大眼睛看著你，嘴唇緊閉，眉角下垂，有時甚至嘴唇不太動卻含混地從牙縫裡擠出話來。

另一種人卻擺出純潔無辜的姿態，半閉或低垂著眼簾，露出淡淡的笑意，有著平和的秀眉，前額上沒有一絲皺紋，然而，他可能是一個很有能力而且具競爭性的人，他相信合作是一種強有力的過程。

這樣的人，在彼此間產生衝突時，則會產生與平時大不同的表情，眉毛通常是下垂，眉頭皺起，牙齒雖然未露出來，嘴唇卻緊緊地繃著，頭和下顎挑釁地向前伸出，與對方怒目相視。

如果在一張臉上連一絲笑容都找不到，那麼這就是一張嚴肅的臉孔，換句話說也是無表情之意。

這樣的臉孔我們稱做爲「撲克臉」「臭臉」，也就是任何感不表現在臉上。但是，沒有表情的臉孔後面往往隱藏著更豐富、更爲激烈的感情。正是由於感情過分豐富，並且有意不讓他人瞭解，以嚴肅的臉孔掩蓋其感情的流露。

有人在本來該表示高興的場所，故意裝出不高興的樣子。這種人一般是虛僞的。

例如，某人很喜歡當官，有一天被提升爲科長的時候，本來應該喜形於色才對，但是他卻一點也不露出來高興的表情，甚至還會對恭賀他的人說：「沒意思，提與不提都是一樣。」甚至會裝出一副不太高興的樣子。當然這是在公共場合，一旦回到家裡，就會表現出另一副面孔了。

實際上，人的情感表現，有時不一定始終保持坦率的情形。潛藏於內心的種種感情和慾望，由於各個時期的內在、外在條件而複雜曲折地表現出來，從而使人產生一種錯覺，例如在可笑時哭泣、在悲傷時大笑……諸如此類。因此，有必要結合身體的其他語言做出分析。

說話講謀略，做事講策略

斯威夫特說：「歷史上的那些偉人，都恪遵著兩個重要準則：始終不露聲色和永遠不守信用。」

爭論，只會浪費你的生命

只要是針鋒相對的爭論，無論你說得多麼精彩，多麼富有哲理，也很難讓對方心服口服、甘拜下風。

法國思想家拉羅什福科說：「有許多人和人交談後，讓人留下不講理的壞印象，那是因為他們滿腦子裝著自己想說的話，而不去聽對方的話。」

在日常生活中，遇到喜歡喋喋不休和人爭論的「雄辯家」，最好趕快找藉口開溜，因爲這種人專門在浪費別人的生命。

《韓非子》裡有一則「白馬非馬」的故事，強調縱使你在言詞上獲得勝利，在現實生活中也無多大效用。

公孫龍子是春秋戰國時代最著名的詭辯家，喜歡玩弄詭辯伎倆，曾經提出「白馬

非馬」的理論，辯得諸子百家啞口無言。

公孫龍子的論點是，馬群之中包含了白馬、黑馬、棕馬及雜色馬……但是在白馬群之中，卻找不到黑馬、棕馬和雜色馬……；白馬既然並不足以概括所有馬類，因此，自然不能稱作「馬」。

公孫龍子辯才無礙、舌燦蓮花，「白馬非馬」的理論的確讓他聲名大噪，出盡鋒頭。可是，這種「輝煌的成就」，在現實生活中卻毫無用處。

有一回，公孫龍子騎著白馬經過一處必須繳交馬稅的關卡，又口若懸河地向稅吏大談「白馬非馬」的理論，談到最後，他下結論說：「既然白馬不是馬，當然不必繳納馬稅。」

但是，稅吏卻對他說：「你說得很有道理，問題是，你明明騎著一匹馬，還是請你繳了馬稅再通過吧！」

《愚人頌》的作者，荷蘭思想家伊拉斯謨說：「我寧願沉思默想，也不願意把時間浪費在毫無意義的爭論上。」

爭論的道理和「白馬非馬」的故事相同。只要是立場不同、針鋒相對的爭論，

無論你說得多麼精彩，多麼富有哲理，也很難改變對方的價值觀，讓對方心服口服、甘拜下風。

與其耗費時間和他做這種沒有結果、徒傷感情的爭論，倒不如做做運動，到戶外走走，至少對自己的身體還有一些好處！

說話講謀略，做事講策略

黎巴嫩作家紀伯倫在《沙與沫》中說：「話最多的人是最不聰明的人；一個演說家和一個拍賣者，幾乎沒有分別。」

如何套出
別人的真心話？

想瞭解初次見面的人言詞是否真實，
或是他對交談話題的關心程度，
可以用壓迫性交談的手法，
故意與對方唱反調，是最常用的一種方法。

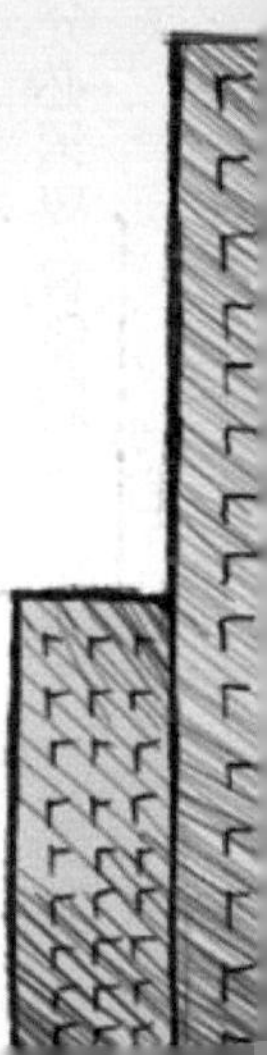

你懂得傾聽別人說話嗎？

只要多發掘緘默的好處，多磨練自己聆聽的能力，一定能收到超乎想像的效果，切莫忘記「沉默是金，雄辯是銀」的古訓。

義大利諺語：「舌頭雖小，卻可以拯救一座城市。」

的確，一把槍固然可以使一個人屈服，但是，如果你想要贏得一個人的心，還是必須透過發自內心的言語，並且用高明的談話技巧來使對方心悅誠服。

在日常生活裡，每一個人都有自己的成長環境和生活背景，所以，一個人多彩多姿的人生經歷，往往就是一篇篇引人入勝的精彩故事。有時候，人再怎麼發揮想像力，都比不上這些故事來得眞實刺激。

分享別人的經驗時，爲了替自己樹立良好的形象，首先必須學會聆聽。

「聽」，是透過一個人的聽覺，察覺出周遭聲音的來源。「聆聽」則是為了明白聲音的含義而集中注意力，全神貫注傾聽特定對象說話。

每個人或多或少會在聽別人講話的過程中出現精神渙散的毛病，有時候，如果不注意傾聽說話的內容，只一味地茫然附和，不但容易錯失許多寶貴的經驗、知識，也會讓對方留下不良印象。

你是不是常常全神貫注地聆聽別人說話？

其實，每個人都會有過心不在焉的情形。有時候，你明明想仔細聆聽，但注意力卻因為過多聯想而分散，有時是因為對話題不感興趣，有時則是因為說話者的說話技巧不佳，因此談話內容成了馬耳東風。

值得注意的是，聽者的神態盡在說者的眼裡，如果你認眞地傾聽別人說話，自然能給予說話者強而有力的鼓勵，說話的人對你的評價將會比實際上高出許多。

「聽話」時的行為表現，對於在別人心目中建立良好的形象，增進自己的人際關係，有相當關鍵的影響。

有的人沉默寡言，總是全神貫注傾聽其他人所說的話，看起來像一個低能者，

其實他才是最聰明的。

夏里·哈特的小說《愛神的化身》裡頭的主角，是個喜歡傾聽別人說話的人，凝神傾聽就是他日常生活中最常應用的武器。

夏里·哈特認爲，絕大多數的人總喜歡不停地說話，反而會從沉默寡言的人身上逐漸察覺自己的膚淺與無聊。

沉默可以抵擋席捲這個社會缺乏思慮的聒噪洪流。只要多發掘緘默的好處，多磨練自己聆聽的能力，一定能收到超乎想像的效果，切莫忘記「沉默是金，雄辯是銀」的古訓。

學習聽講的技能，是一項很重要的人生課題，也將是你終身受用的工具。要一個人成爲優秀的聽衆也許很難，然而，一旦能將這種寶貴的能力應用到實際生活上，應用到爲人處世上，就能一生受用不盡。

孔子提醒我們「三人行必有我師」，這是因爲每一個人都有值得學習的優點，有些人說話口齒笨拙、詞不達意，但仔細觀察他的行爲舉止，有時卻可以發現其中蘊藏著豐碩的內涵。

這就是爲什麼，經常觀察別人言談時所顯示出的品味、風格、肢體動作，會讓人覺得趣味無窮。

與人交往過程中，不妨常常扮演一個熱心、冷靜的觀察家，凝神傾聽別人說話，不但能使你的生活更豐富，還能使你的形象更加圓滿。

說話講謀略，做事講策略

霍姆斯說：「談話有如彈琴，用手按住琴絃使它停止發出聲響，和撥動琴絃使它產生音樂同樣重要。」

小心失言造成的「禍果」

在現代社會裡與人相處，必須謹言慎行，千萬不要逞一時之快，失言的後果，不是被上司叫去訓斥一番，就是遭到「發配邊疆」的命運。

說話辦事最忌諱的就是「直言不諱」，尤其是對認識不深的人，更應該小心謹慎，以免得遭人懷恨在心還不自知。

人的性格類型可說千奇百怪。有的人不論對錯，老是要和別人唱反調；有的人雖不至於偏激，但總是固執地堅持自己的立場；有的人明明自己的意見行不通，卻偏偏不接受別人的任何建議。

也有人頑強地認定只有自己的做法和想法，才是天底下最正確的方法。當然，也有人老是掩藏自己心底的企圖，卻喜歡試探對方的心意；有的人則缺乏主見唯唯諾諾，迎合別人的意思。

想在生活或工作中持盈保泰，必須先研究周遭人物的個性，找出對方的「逆鱗」長在什麼位置，以免有所冒犯。

「啊，要是當時不說那句話就好了！」

像這樣事後才懊惱不已的人，大都是說話或是做事之時，無視對方的「逆鱗」位置所引起的。

人類共同的心理，就是極端厭惡自己的行爲、想法被他人誤解，永遠期望別人對自己有最正面的評價，而且討厭別人在人前人後批評自己，但是卻常常無意中批評他人而不自知。

「我們公司的經理眞是懦弱！雖然他一副謙虛的模樣，常接受旁人的批評，但我就是對他沒有好感。」

如果和你談話的對象，正好是經理的心腹或交情不錯的同事，那後果將不堪設想。

在現代社會裡與人相處，必須謹言愼行，千萬不要逞一時之快，像這一類失言的後果，不是被上司叫去訓斥一番，就是遭到「發配邊疆」的命運。

緬甸有句諺語說：「世上沒有誠實的狐狸，也沒有吃素的老虎。」

在這個誰也不肯承認自己有錯的都市叢林中，你必須隨時提醒自己，千萬別在言談之中踩到別人的痛處。

尤其是當對方是一頭容易發怒的「老虎」時，更別傻到在背後亂拍牠的屁股，讓自己白白成為別人餐後的點心。

說話講謀略，做事講策略

英國思想家培根說：「辭令中最可貴的是引起別人興趣的話，以及能節制自己的言詞，並轉移到別的題目的那種話。」

如何用幽默來「笑」自己

不留心說錯了一句話或做錯了一件事，難免出現令人尷尬的場面，不過，你大可不必掩飾自己的過失，不妨放鬆心情調侃自己一番。

幽默，不僅是人際的潤滑劑，有時候更是社交的救生圈。

英國作家司各特就曾經在《雜文集》裡寫道：「幽默是多麼艷麗的服飾，又是何等忠誠的衛士！它遠遠勝過詩人和作家的智慧，他本身就是一種才華，能夠杜絕所有的愚昧。」

談吐幽默風趣是睿智的表現，也是一個人的思想、學識、智慧、靈感……等在語言中的反映。

培根曾經說過：「善談者必幽默。」

但幽默的具體運用並非易事，幽默構成的方式很多，主要有：自我嘲諷、張冠李戴、旁敲側擊、順水推舟、諧音雙關、借題發揮……等；必須用得巧，才能收到奇妙的效果。

在公開場合或社交活動中，萬一不留心說錯了一句話或做錯了一件事，難免出現令人尷尬的場面。

這時，闖了禍的你肯定會有些侷促、緊張、惶恐。不過，你大可不必掩飾自己的過失，更用不著刻意轉移目標，不妨放鬆心情調侃自己一番，或是說一個有關過失的小笑話就行了。

有一位小姐想在自己的生日舞會上給親朋好友留下一個難忘的印象，但由於心情激奮，加上新買的長裙有點過長，所以跳舞的時候鞋後跟絆住了裙子，自己跌跌撞撞地摔了一跤，陪她跳舞的男士也被連帶著摔倒在地。

當她面紅耳赤，張口結舌時，只見那位男士輕鬆地說：「沒關係，我不曉得原來妳會玩多米諾骨牌！」

那位男士這番輕鬆的話既緩和了尷尬的場面，也使在場的人對他留下了幽默風趣的好印象。

幽默就是將可笑的事物按照本來的情況，用另一種方式加以描述。幽默當然帶有幾分自然和偶然，但是，只要反應敏捷，通常可以化解尷尬場面。

千萬要記住：一句幽默的話語，有時會發揮莫大的作用。

說話講謀略，做事講策略

英國作家史笛爾說：「在交談當中，一個人獨占全部的話題，是一種無禮且不合情理的錯誤。」

如何套出別人的真心話？

想瞭解初次見面的人言詞是否真實，或是他對交談話題的關心程度，可以用壓迫性交談的手法，故意與對方唱反調，是最常用的一種方法。

人是最擅長口是心非這種欺敵技能的動物，因此，不要單憑對方的言詞就立即認定對方屬於哪一種人。

在以瞭解對方的人品及想法爲目的的交談中，想要在有限的時間內盡可能地或到正確的資訊，就必須使用各種深層的方法，其中最有效的方法是壓迫性交談。

壓迫性交談，是向談話對象提出令他不快的問題，或是將對方置於孤立狀態，使他做出決斷的方法。

換言之，就是「虐待」對方，將他趕入不利的處境中而觀察反應的方法。

在危急的情況下，一般人都會露出赤裸裸的自我，也就是說，平常用來掩飾、表現理智的面具會脫落，最後吐露眞言。

以積極果敢的採訪方式聞名國際政界的日本新聞記者落合信彥，在著作中曾經記述自己的採訪信條，就是挑起採訪對象的憤怒。

爲了打破受訪者牢固的心理防衛，套出他們的眞心話，落合信彥常常故意做出不禮貌的舉動，或提出一些逆拂對方的問題，用壓迫性交談逼他們吐出眞話。

落合信彥之所以能夠得知其他記者所無法挖掘的極機密的資料，這種突破他人心理防衛的巧妙採訪方法，對他助益不少。

想瞭解初次見面的人言詞是否眞實，或是他對交談的話題的關心程度，可以用壓迫性交談的手法；故意與對方唱反調，是最常用的一種方法。

但是，要注意的是，不論如何探索對方的眞意，如果引起對方憤怒的話，就有可能造成負面效果。

如果，你認爲就此與對方斷絕關係也無妨，或是自信能平靜對方的怒氣並恢復良好關係，當然另當別論，但是，若是情形並非如此，就有必要愼重處理了。

因此，最好的方式是借用第三者來提出反論，以避免自己提出反論時引起對方的反感而使雙方關係生變。

不論如何，唱反調是使對方感到不快的交談方式，最好只在有必要認清對方的眞意或人性時運用。

普倫斯帝說：「有人把阿諛奉承誤以為是溫和有理，同樣的，也有人把粗魯無禮當作坦率真誠。」

別人為何會「岔開話題」？

對方會將話題岔開，大致上有三種情形。一是因為心不在焉而岔開，二是突然產生了其他聯想而岔開，另一種則是故意將話題引到別處。

在社交活動中，不論是什麼情況的會面，大都會因爲工作關係或時間限制而無法盡興，一旦對方談話脫離了主題，自己心中就會焦慮著如何進行手上該辦的事。性急的人，每當對方脫離談話主題時就會顯得焦躁，並努力想辦法要將談話拉回本題。但是，如果想瞭解對方的內心想法，引出對自己更有利的結論，這種做法就顯得不夠聰明。

對方會將話題岔開，大致上有三種情形。

一是因爲心不在焉而岔開，二是突然產生了其他聯想而岔開，另一種則是故意

將話題引到別處。

這些情形，都說明了對方的興趣和注意力，已轉向別的焦點。因此，對於對方的談話不要打斷，讓他繼續述說一段時間。

如果是第一種情形的話，不久之後，對方就會對於自己的離題感到非常詫異，而回歸主題。

第二種情形中，因爲本人並沒有忘記主題，所以能自然地釐清聯想與主題的關係；如果隔一段時間之後，對方仍然不回歸主題，就可以判斷爲第三種情形。

運用這種方法的收穫是，乍看之下是很浪費時間精力的「離題談話」，也可以成爲瞭解對方心思的一個絕好機會。

說話講謀略，做事講策略

狄倫說：「說話必須注意應有的禮貌，放肆無禮的人，比無知的人更令人厭惡。」

真相必須用偉大的謊言包裝

英國首相邱吉爾曾經說過一句膾炙人口的名言：「事情的真相十分寶貴，所以需要大量的謊言加以包裝。」

《韓非子》和《史記》都曾記載一則齊桓公假公濟私的例子。

有一天，齊桓公和蔡姬在湖上泛舟。蔡姬興奮地在船舫動來動去，小船不住搖晃。齊桓公生性懼水，深怕小船翻覆，趕緊出聲制止。

蔡姬看見齊桓公一臉驚懼的表情，覺得很好玩，搖擺得更加激烈。

這種行為讓齊桓公非常生氣，一怒之下將她趕回蔡國。原本，齊桓公只是想稍微懲戒她一下，打算過些日子，再將她接回齊國。

但是，蔡姬的哥哥蔡公卻認為齊桓公這種處置失當，使自己臉上無光，憤而將

蔡姬改嫁他國。

齊桓公聞訊怒火上沖，準備出兵討伐蔡國。

宰相管仲向他諫言：「千萬不要因為本身的婚姻問題攻打別國。這種名不正、言不順的戰爭，對你未來稱霸諸侯將會產生不良影響。」

可是，齊桓公不肯善罷干休，管仲只好說：「若是主公一定要討伐蔡國，那麼應該先僞裝攻打楚國。楚國已經三年沒有按例向周天子進貢了，我們可以假借尊王攘夷的名義佯裝討伐楚國。蔡國與主公交惡，必定袖手旁觀，屆時，我們就可以宣稱：齊國替周天子出兵伐楚，但是，蔡國卻不出兵襄助，顯然存心包庇楚國，然後名正言順攻伐蔡國。這個方法不但可以公報私仇，還可以獲得實質利益。」

事情的演變正如管仲所料。西元前六五六年，齊桓公號召各國組成聯合部隊浩浩蕩蕩討伐楚國，諸國部隊抵達漢水之濱，和楚國完成「召陵之會」後，隨即轉道伐蔡，擄走蔡公。

英國首相邱吉爾曾經說過一句膾炙人口的名言：「事情的真相十分寶貴，所以需要大量的謊言加以包裝。」

從齊桓公伐蔡的故事，我們可以瞭解，不論報復私怨，或是滿足私慾，動機愈卑劣，愈需要冠冕堂皇的名義加以掩飾。

在「尊王攘夷」的偉大口號下，齊桓公前後滅掉三十多個小國，會盟諸侯十餘次，完成了自己的霸業。

朱元璋爭霸天下，也是一個典型「假公濟私」的例子。

朱元璋加入紅軍革命行列，名為抗暴起義，實際上的行為和盜寇無異，靠著燒殺擄掠坐大勢力。

在「驅除韃虜」的民族大義口號下，他接收了各路反王的革命成果，背叛了明教，襲殺了自己的主公小明王韓林兒，最後滅了元朝，順理成章登上帝位，施行極權統治，大肆誅殺功臣。

在民族革命史觀烘托下，朱元璋這個中國歷史上最血腥、最恐怖的綠林帝王，至今仍被奉為漢民族偉大的革命英雄。

其實，歷代的帝王、霸主，行徑大都和朱元璋相去不遠。

凱撒大帝在這方面，也做得十分徹底。不論任何行為，他都假借「國家」和「羅

馬」的名義進行。

羽翼未豐的時候，為了獲得擁護，他口口聲聲說要「尊重元老院的權威」、「承襲父祖的習慣」、「擁護羅馬共和體制」；等到權勢穩固之後，他又高喊「開創羅馬的光榮時代」，堂而皇之施行獨裁專制。

說話講謀略，做事講策略

賀拉斯說：「懷著輕蔑對方的心理，就會使你的話語充滿怒氣，不僅會傷害別人，也會傷害自己。」

溝通，要有點創意

如果一味強調自己的立場正確，正面和對方理論，不但雙方會鬧得不歡而散，自己也會樹立一個敵人。

《孫子兵法》強調「聲東擊西，攻其不備」，意思是說從正面攻擊目標，由於敵人早有嚴密防備，成功機率會大幅降低，即使最後獲得勝利，己方也必須付出相當慘痛的代價——「殺人一萬，自損三千」。

後世的將領和謀略家一向將「聲東擊西」奉爲作戰的最高藝術。楚漢爭霸時期，劉邦麾下頭號大將韓信，更是將「聲東擊西」戰術發揮得淋漓盡致，「明修棧道，暗渡陳倉」就是箇中經典之作。

在競爭激烈的商業社會和現實生活，與人相處、溝通，更須掌握「虛而實之，實則虛之」的原則，加以靈活運用。

譬如，我們鎖定右邊作爲眞正目標，大可隱藏自己的目的，不時騷擾左側，等到對方將注意力全部移轉到左側後，再攻其不備，大舉侵略右側，如此，必定可以大獲全勝。

要攻取人心，「聲東擊西」也是相當有效的戰術，特別是用來應付性情乖戾的人，更能奏效。

一般人都有這種傾向——你教他朝右，他卻偏偏要往左，性情乖僻的人，這種傾向尤爲強烈。這時，「聲東擊西」的策略就派得上用場。

富蘭克林提醒過人們，對待性情乖僻的人，必須採用獨特的方法。因爲，不論你自認動機多麼純正良善，立場多麼公正客觀，單刀直入的正面作戰方式，很難達成目的。

他瞭解，如果一味強調自己的立場正確，正面和對方理論，不但雙方會鬧得不歡而散，自己也會樹立一個敵人。因此，他往往採用欲擒故縱的方法，自己先退讓一大步，圓滿地解決問題。

富蘭克林認爲，如果自己的想法和對方相左，應該謙虛地對他說：「我不知道這個想法對不對，請你指點如何做才正確。」

這麼一來，對方的意見縱使和你有段距離，他也可能會因爲受到尊重而說：「你的看法不錯，就照這樣做做看吧。」

如果你一味堅持自己的觀點才是最正確的，企圖用各種方法說服對方，那麼，對方也必定會堅持自己的意見，懷著濃厚的敵意抗拒、反駁你。

面對性情古怪、頑強、狡詐的人，應該充分運用聲東擊西的心理戰術，否則，你非但難以說服對方，更可能在人生路程中遭遇嚴重障礙。

說話講謀略，做事講策略

英國作家奧特韋：「對任何人的話都不可輕信，因為人的本性就是狡猾虛偽，欺詐殘忍，言行不一。」

沒事不要亂發牢騷

「心直口快」的人，就好比是三國時期的魏國大將許褚，脫光衣服上戰場，最後必然身上中滿了飛箭。

中國自古以來就是一個口舌是非多得出奇的國度。

遠在秦始皇時期，有些讀書人只不過茶餘飯後窮極無聊說點閒話，秦始皇知道後卻勃然大怒，將這些儒生全都活埋了，連這些儒生所讀的竹簡也全部燒毀了。

自從秦始皇「焚書坑儒」之後，中國人，尤其是讀書人幾乎是戰戰兢兢地活了兩千年。即便是藏頭縮尾忍氣吞聲，還是免不了一不留神被抓住話柄，惹出株連九族之類的滔天大禍。

清代有個知名的學者戴名世，有一天因爲在竹林裡看書看得累了，順口說出既像感歎又像是詩的兩句：「清風不識字，何故亂翻書。」

其實，他的意思很簡單，只是指自己在竹蔭下看書，惱人的秋風卻不知趣地不斷把他手中的書翻來吹去。豈料，他卻因此惹下大禍，被別有居心的小人誣指他有「反清」思想，最後，戴名世被處極刑、滿門抄斬，而且還波及門生故舊，受到牽連的人衆多。

又有一個叫呂留良的讀書人，因爲在生前的著述中對於滿清屠殺漢人有不滿言論，他去世幾十年之後，還有人翻出他那些發黃的著作，拿到朝廷裡去邀功請賞。

皇帝看了之後勃然大怒，喝令拿他來問罪。

屬下回答說：「這個人早已去世了。」

但是，皇帝連死人也放過他，於是下令將他「剖棺戮屍」，將呂留良的棺木從墳中挖了出來，再把他的屍骨拖出來鞭屍戮首。不僅如此，他的兒子、孫子和以前的門生……等十族也都遭到殺戮。

在中國文化大革命期間，因爲隨口說了一兩句話而被整死的人也不計其數，由此可知「禍從口出」是如何可怕。

河南南陽有一個叫南菅的小村，村裡有個五十歲左右的老頭。

這個老頭的工作是餵生產隊裡的豬隻。有一次，一頭母豬下了十隻小豬，長得煞是可愛。當天，這個老頭子不知哪根筋不對勁，竟然脫口說道：「哇，長得跟十大元帥一樣！」

那還得了，將十頭豬說成是十大元帥，這不是侮辱國家領導人嗎？於是，有人大做文章，對老頭大肆批鬥。可憐的老頭渾身長嘴也說不清，不堪折磨之餘，某天夜晚上吊自殺了。

在那個年代，想一死了之也沒有那麼簡單。老頭人雖然裝進了棺材，可是批鬥的人還不放過，還要開現場批鬥會，還要在棺材上貼上大字報。

封建社會裡的文字獄與中國文化大革命的荒誕情事或許一去不返，但是活在現代社會，我們還是得要慎防禍從口出。

因此，千萬要記住自古流傳至今的諺語：「話到嘴邊留半句」、「逢人只說三分話，不可全交一片心」、「知人知面不知心」、「害人之心不可有，防人之心不可無」……等等。

那些喜歡「知無不言，言無不盡」的人，可能還常常以自己「心直口快」、「從來不繞彎子」自詡。作爲一般人倒也無多大妨害，但作爲領導者卻是個大忌，它足以令你前功盡棄，中箭落馬。

「心直口快」的人，就好比是三國時期的魏國大將許褚，脫光衣服上戰場，最後必然身上中滿了飛箭。

說話講謀略，做事講策略

英國作家約翰遜說：「每個人都應該留神，切不可講一些不利於自己的故事，別人會記住這些故事，並且在適當時機用來攻擊你。」

「寒暄」不僅僅是打招呼

寒暄是一種單純的禮節，但如果其中加入一些對方感興趣的話題時，寒暄就不僅僅是打打招呼，而是更能扣住對方心弦的交談。

有些交際技術技高超的人，往往能藉著閒聊的機會，來讓對方做出某些有利於自己的重大決定。

譬如，他們想要引誘對方參與自己的計劃，又不能讓對方事先知曉，如何才能使對方逐步順著自己的意思呢？

他們所採用的方法是，在漫不經心的閒談中摻雜一些對方相當感興趣的話題，這樣一來，不知情的對方就陷入這巧妙的心理戰術之中，繼而道出自己也有類似的想法，最後決定共同完成這項計劃。

相同的，在交際或商務往來中，若想初次見面就使對方心悅臣服，應該在閒談中摻雜一些引人入勝的話題。

一般來說，寒暄是一種單純的禮節，但如果其中加入一些對方感興趣的話題時，寒暄就不僅僅是打打招呼，而是更能扣住對方心弦的交談。

比如在寒冷的冬夜碰到朋友，一句「好冷的天氣呀」，在禮節上來說可能是個結束，但是對其他的話題而言，卻是一個開頭。

類似這樣的寒暄話語，如果能使人發出頗有同感的回應，那麼，寒暄就會是深談的開端。總之，寒暄雖然通常是一般性的禮節，但如果能巧妙地運用它，同樣能扣住聽話人的心弦，拓展自己的交際領域。

說話講謀略，做事講策略

拉布呂耶爾說：「有時候，談話的妙處並不在於表達自己的想法，而是在引發別人的想法。」

07

站在對方的立場來說服對方

如果從一開始就強調自己的立場，
彼此間的鴻溝就會越來越深，
當對方有了對抗的心理狀態時，
你是絕對無法說服他的。

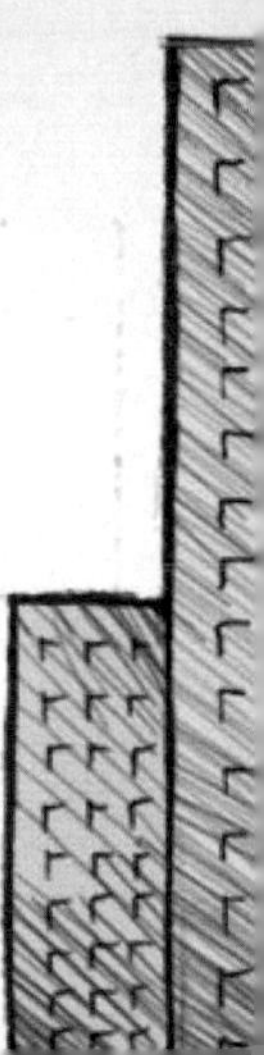

站在對方的立場來說服對方

如果從一開始就強調自己的立場，彼此間的鴻溝就會越來越深，當對方有了對抗的心理狀態時，你是絕對無法說服他的。

莎士比亞在《亨利四世》中曾經寫道：「即使理由多得像烏莓子一樣，我也不願在別人強迫下給他一個理由。」

強迫，絕對不是最好、最有效的溝通方式，而且極可能衍生負面的結果，最後與自己的期待背道而馳。

因為，就像你可以把馬牽到河邊，但是無法強迫牠喝水一樣，人其實很難透過強迫性的舉動，說服別人贊成自己的觀點，或是要求別人按照自己的主觀意志，去做他們百般抗拒的事情。

在錯綜複雜的人際關係中，不是每個人都有左右逢源的能力。要讓別人喜歡並相信你，以便順利推動事務，除了首先肯定自我，還應當探究人的潛在心理，然後發揮舌頭的功力，爭取對方認同。

須知，運用心理學的技巧，會使你深得人際交往的奧妙，而不會被一些表面現象所迷惑，並且能在自己和他人之間，架起一座心靈的橋樑。

美國第十六任總統林肯，曾經以一句「爲人民而創造的政治」之名言，掌握了民衆的心，而爲民衆所擁戴。

林肯總統在面對需要說明的場面時都會說：「我在開始議論時，就會將彼此意見的共同點尋找出來。」

林肯在有名的奴隸解放演說中，最初三十分鐘，只敘述一些持反對態度者所贊同的意見，然後再將反對者，按自己的目標逐漸地拉到自己這邊來。

林肯的說服方法，如果從潛在心理學來看，有兩個要點。

第一就是人往往在被別人壓抑住其自身的意見時，自己才發現眞實的一面，而反過來完全地信賴對方。

第二就是「自我發現」時，在主觀上仍非常相信就是自己的意思，而事實上，這往往是被說明者誘導出來的結果。

林肯運用這個技巧的秘訣，就是在演講的前三十分鐘，先巧妙地軟化敵方，也就是在開始時先強調敵我之間的共同點，引導對方，使他們一步步接受自己的觀點。如果從一開始就強調自己的立場，彼此間的鴻溝就會越來越深，而演變成「如果你有那種想法，那我只好和你拼了」的局面。當對方有了這種對抗的心理狀態時，你是絕對無法說服他的。

因此，如果在交涉的場合有五項待解決的事情，而你在剛開始時，就能把五項中最困難的問題提出來，也不失為是一種好的做法，因為最困難的問題都能解決，其他的當然不會有什麼問題。

但是，對方必定也很在意大問題，所以也有可能從一開始交涉，就因決裂而使事態惡化。所以，在這種情況下，一個能幹的交涉者，往往在開始時以比較簡單的問題作為議題。

而且在討論這個議題時，他會說：「事實上也沒有任何別的問題，至少對於這個條件，我們的意見是一致的，下一個事項同這個事項也沒有多大的差別……」

如果五個問題中能用這種方法使對方贊成三個的話，那麼這個會議就差不多可以結束了，即使到了後面要討論最大、最困難的問題，只要採取這種方式，十有八九是都會成功的。

說話講謀略，做事講策略

J．凱利說：「喜歡到處和人打架的狗，通常會跛著腳回家。」

讚美不是阿諛諂媚

有些人不肯讚美別人，第一是誤認為讚美就是諂媚，有損自己的人格；第二是自視清高，覺得一般人都比不上自己。

大部分的人一方面希望別人能夠客觀地瞭解自己，一方面打從心底裡渴望別人對自己多加肯定。因此，當我們正確無誤地誇獎別人引以爲傲的優點時，對方可能會覺得十分窩心。

在某些時間，某種場合，發自內心地對他人說出禮貌性的讚美，只要不是那種誇大其詞的胡亂吹捧，對彼此之間的心靈溝通和增進友誼，是大有好處的。

有些生性內向的人可能會認，讚美別人的話實在令人羞於啓齒，因而產生排斥抗拒的心理。

其實不然，讚美不是一味瞎吹亂捧，並不是委屈自己去阿諛諂媚，而是發覺對方的優點長處時加以肯定。

每個人都有自己的長處和短處。我們不應該一味地盯著別人的短處看，而忽略別人獨特的長處，而應該以「金無足赤，人無完人」的觀點，原諒他人的短處，看重他人的長處。

我們當衆讚美某人，並不是要欺騙大家，只是要大家注意他的長處，也讓他因爲受到大衆的注意而格外珍惜自己的長才，繼續朝這方面努力。

可見，讚美絕不是有求於人的低下行爲。

讚美有好幾種方法，第一種方法是「貶低自己」。

適時地貶低自己，即能相對地捧高對方。這種方法，即使是不擅言辭或不擅讚美的人，也能輕而易舉地使用。

技巧性地批評自己略遜對方一籌，可以讓別人在心理上產生平衡感，充滿自信心，對方聽了之後，心中的舒坦自然不言可喻。有時，你不妨試試這種「貶低自己」的方法，達到激勵別人的目的。

讚美的第二種方法是「當面誇獎」。

讚美和討好原本就很難界定，中間存有模糊地帶，一般而言，讚美是正面的誇獎，討好則是具有目的性的阿諛奉承，屬於一種較卑劣的手段。

「你的身體看起來眞棒，請告訴我你是如何鍛鍊的，行嗎？」

「你的銷售任務總是完成得那麼好，有訣竅嗎？」

我們都清楚，表揚也是讚美的一種方式，通常是上級對下級的一種激勵手段，而誇獎是不分階級的。

當然，誇獎是有技巧的，要切記不要隨便見人就誇獎，更不要輕易討好與你有芥蒂的人，否則，他會認爲你別有用心，反而使內心的成見加深。

總之，誇獎別人的時候必須言語坦誠，否則，只會讓人感覺到你是無事不登三寶殿，從而心生警戒。

朋友之間聯繫感情，原不是一件容易的事，用讚美的方式來聯絡感情，是最簡單、最有效的方法。

有些人打從心裡就不肯讚美別人，第一是誤認爲讚美就是諂媚，有損自己的人格；第二是自視清高，覺得一般人都比不上自己；第三是害怕別人勝過自己，使自己相形見絀。

其實，為人處世大可不必抱有這種負面心理，為了與談話對象相處得更融洽，你不妨研究一些如何讚美別人的方法，只要你的讚美是出自真誠的，必然可以領略到其中的好處。

說話講謀略，做事講策略

英國思想家培根說：「用適當的話和別人進行交涉，遠比言詞優美、條理井然更為重要。」

如何讓恭維恰到好處

人不管男女，不論地位高低，對於加諸自己身上的稱譽都是歡迎的。因為，稱譽能帶來成就感和自信心。

德國詩人兼思想家歌德認爲，每個人都有潛在的虛榮心理，只是表現虛榮心的方式與程度略有不同而已。

他曾在日記裡寫道：「我們對自己的形象和人品所懷的急切之心，時時刻刻表露出來。我們愛出鋒頭，常常炫耀自己的才能或是其他引以為傲的事物，希望別人能夠特別注意自己。」

幾乎每一個人都有偏愛某種虛榮的心理，當你搔到癢處，大加頌揚時，當然會使他們產生極大的興致。

開啓人們心靈的鑰匙，就是設法找出別人偏愛的虛榮所在。

恰當的讚美和恭維，是人際交流中一種很有效的方法，可以用來抬高別人的自尊心，贏得別人的好感和協助，拉近彼此的心理距離。

美國總統羅斯福就是善於使用這種方法的典型人物，他對任何人都能恰當地加以讚譽，因此在從政過程中化解了不少阻力，獲得了許多助益。

林肯也是一個善於使用讚譽方法的人。找出別人引以爲傲的事情和引起對方興趣的話題，一直是林肯的日常工作。

林肯總統就曾經說過這麼一句名言：「一滴甜蜜糖所能捕獲到的蟲子，要比一斤苦膽汁多得多。」

其實，人不管男女，不論地位高低，對於加諸自己身上的稱譽都是歡迎的。因爲，稱譽能帶來成就感和自信心。

當然，有時胡吹亂捧的恭維也會引起反感，這是因爲沒有掌握恭維技巧的緣故。要使自己對別人的恭維達到效果，必須牢記對方的性格特點。

有的人虛榮心極強，無論在什麼場合，都巴不得別人對他百般恭維，而且一聽

到恭維的話語便得意忘形。

但是，有的人只喜歡在個別事情上聽到恭維。

有的人喜歡聽到別人恭維他的特殊才藝，有的人喜歡聽到別人讚譽他熱心公益，有的人喜歡聽別人稱讚他的演說技巧，而有某一部分的人，則特別喜歡聽到別人誇獎他的商業才華。

爲什麼會這樣大異其趣呢？

因爲，這是他們所偏愛的虛榮不同。

英國著名的外交官吉斯斐爾勳爵曾說：「各人有各人優越的方面，至少也有他們自以為優越的方面。在自認優越的方面，他們能夠承受得住別人公正的批評，但在那些還沒有自信的方面，他們尤其喜歡別人的恭維。」

這段話告訴我們，開啓人們心靈的鑰匙，就是設法找出別人偏愛的虛榮所在。

想要快速發現一個人的弱點，其實只要觀察他最喜歡的話題。

因爲，語言是「心靈之音」，一個人講得最多的事物，一定是他心中最渴望的。

如果你能明白這一點，適時地在這些方面恭維他，那麼你便搔著了他的癢處。

吉斯斐爾勳爵還舉女性爲例告訴我們：「儀容嫵媚是任何女人偏愛的虛榮，並且是常想受人讚美的重點。但是，那種具有無可懷疑和不容比擬的絕色女子，對於自己的儀容的媚已有絕對的自信，那麼你就要避免稱頌這一點，必須去稱頌她們的智力。如果她的智力恰巧不如別人，那麼，你的稱讚一定會使她現出滿面春風。」

說話講謀略，做事講策略

英國作家約翰遜說：「沉默會繁衍滋長，談話中斷得越久，就越難找到適當的話來說下去。」

你的話為何「有點冷」？

容易引起冷場的原因是，個人吸引力不強，或存有溝通上的心理障礙，或心情影響情感交流，或情境使人產生壓抑感，或沉默氣氛感染旁人……等等。

在交談過程中，由於話不投機或不善表達，常常出現冷場的情況。冷場無論對於交談、聚會、聊天、談判，都是令人窘迫的局面，在人際關係中，無疑是一種「冰塊」。打破冷場的技巧，就是轉移注意力，轉換話題。

冷場一般出現在雙方對談話缺乏內涵，或對議題不感興趣。

在交際活動中，如果當事人一時沒有交談的慾望，那麼，會話在這個時候就成了多餘，冷場便不可避免。

另外，還有一些容易引起冷場的原因，例如，個人吸引力不強，或存有溝通上的心理障礙，或心情影響情感交流，或情境使人產生壓抑感，或沉默氣氛感染旁人……等等。

有人分析，認爲以下十種情況時，最容易「話不投機」而出現冷場：

- 彼此不大相識；
- 年齡、職業、身份、地位差異大；
- 心境差異大；
- 興趣、愛好差異大；
- 性格、素質有異；
- 平時意見不合、感情不合；
- 互相之間有利害衝突；
- 異性相處，尤其在單獨相處時；
- 因長期不交往而比較疏遠；
- 交談雙方均為性格內向者。

冷場是交談即將失敗的徵兆，所以，談話雙方對可能出現的冷場，要有一定的

預見，並採取措施加以補救。

譬如，舉行座談會時，可精心挑選出席的人士，既要考慮與會者的代表性，也要考慮與會者的可能發言率，以免坐而不談。

有時，甚至可以先排定座次，儘量不要讓最可能出現冷場的幾種人坐在一起，使說話少一點拘束。同時，還要將健談者與寡言者適當地互相搭配，這樣就可以避免出現冷場。

比爾斯說：「談話是一種展銷思想小商品的交易，每個人都過度關心自己陳列的貨物，而不去留意別人的。」

如何讓別人打開話匣子？

關心、體諒、坦率、熱情，是打破冷場最有力的「武器」，以這樣的態度去努力，「堅冰」也可以融化，僵局當然不難打破。

激勵大師戴爾．卡耐基曾經這麼說：「打動人心最高明的方法，就是跟他談論他覺得最珍貴的事物。」

的確如此，當交談的對象拙於言詞，或是表現得冷漠之時，只要你能改變方向，選擇對方最感興趣的議題，便能開啟他的心扉，彼此的交談就會變得熱絡，交情也就會從此開始。

避免交談時出現冷場，是談話雙方共同追求的目標，但是，萬一出現冷場，還是要有些準備。

作為主人、會議主持者，或是會話的一方，你可以用下面的做法打破冷場：

- 立刻向對方介紹一個人、一件事或一樣東西，以轉移他們的注意力，激發他們重新開口的興致。
- 提出一個大家可能感興趣的話題，或是有可能參與發表意見、看法的話題。
- 開個玩笑，活絡一下現場氣氛，再巧妙地轉入正題。
- 用聊天的方式，和一兩個人談談家常，聊聊彼此的情況，設法引出眾人關注的話題。
- 故意挑起一場有益的爭論。
- 就地取材，對環境、陳設等發表看法，引起議論。

談話的話題是否有趣、有益，和冷場的出現有很大的關係。「曲高和寡」會導致冷場，「平淡無味」同樣會引起冷場。

主人或主持者如果不希望出現冷場，應該事先做些準備，使自己有點「庫存話題」，以備不時之需。

年齡大的人喜歡回憶往事，可以和他們聊聊歷史的沿革、民情的變遷、風俗的演化……等，由於他們對於掌故瞭解較為豐富，濃厚的談興往往會油然而生。

如果沒有別的話題，那麼不妨向他們詢問一下子孫兒女的近況，一般都能撬開老年人的話匣子。

年輕人性格較為活潑，愛好廣泛，音樂、影視、美容、體育、旅遊、時事……等都可激起他們的談興。

一般而言，和女性談話，可選擇一些家庭趣事，但和男性賓客講相同的內容，必然被視為婆婆媽媽；企業家對於自己的產品興致勃勃，卓有成就的人喜歡暢談自己的奮鬥歷程，事業失敗的人不喜歡提及不走運的往事……

總之，打破冷場的話題，「聚焦點」要準確，「參與值」要高，即話題應是對方關心的焦點，才能引起談興。

必須注意的是，如果話題可能使在場的人窘迫或不安，哪怕可立即活絡氣氛，也不宜作為打破冷場的話題。譬如，某人最近遭逢喪子之痛，就不要當著他的面大談兒女之事，以免勾起他的傷感。

關心、體諒、坦率、熱情，是打破冷場最有力的「武器」，以這樣的態度去努

力,「堅冰」也可以融化,僵局當然不難打破。

會話遇到冷場,不妨以熱誠的態度,運用上面介紹的技巧,作一次成功的「破冰」嘗試。

說話講謀略,做事講策略

拉羅什富科說:「如果我們不能節制自己的舌頭,又怎麼能期望別人守住他們的舌頭,為我們保守秘密?」

不要在背後批評別人

如果你老是喜歡用自己的尺度去衡量別人，被你指責的人必然會對你抱持戒心或報復之心，誰知道他會在什麼時候從你背後敲一記悶棍？

日本心理學家夏目通利曾說：「人類自我實現的意識很強，因此要有接納他人的雅量，才能建立良好的人際關係。」

在社交場合裡，某些人說話往往會讓你覺得索然無味，進而使你認爲這種人一定個性孤僻陰冷，喜歡背後放冷箭傷人。

也有某些人說話讓你覺得饒舌聒噪，使你認爲，他們總是喜歡捕風捉影，任意批評別人，從某個角度說，簡直就是到處散佈別人壞話的八卦電台。

事實上，除非擁有豐富的觀察經驗，並且有不錯的洞察力，否則，千萬不要那

麼輕易地論斷一個人，因為人性並不是想像中那麼簡單。

有時候，不經意脫口說出的話傳開後，當事人肯定心存不滿：「你又不瞭解我，憑什麼在我背後亂批評？」

有了這種芥蒂，彼此日後相處自然難以融洽。

假如，你認定對方太沒內涵，不管你是否將這種想方告訴第三者，你的人際關係都會變得狹窄。

當你與朋友聊天的時候，如果談論到某個人，你表現出不屑的模樣加以數落，對方當面可能不表示什麼意見，甚至還會附和地說：「原來他是那樣的人！」但實際上，這種態度會產生不良的影響。

首先，和你談話的人可能會覺得你心胸不夠寬闊，喜歡憑自己的好惡妄下定論，缺乏體貼他人的胸懷。

第二，萬一被你指責的人知道後，他心裡也會覺得你是個卑鄙陰險的小人，喜歡在背後說人壞話。

其實，每個人都有優點、缺點，與其揭人之短，倒不如設法找出別人的優點，給予適當的肯定。

如果你老是喜歡用自己的尺度去衡量別人，被你指責的人必然會對你抱持戒心或報復之心，誰知道他會在什麼時候從你背後敲一記悶棍？

因此，當你與別人接觸的時候，如果保持著這種心理，將會使朋友一一遠離，因爲你以偏見看人的做法令人討厭。

心存偏見的人，通常都充滿主觀意識，然後帶上有色眼鏡看待別人。

這種人心裡只容得下自己龐大的影子，無法正確地判斷外界的人事物，視野、胸襟肯定難以開闊。

要讓談話的對象對你保持好感，首先不應該以自己的偏見去評判人和事，要有雅量傾聽他人說話，並且心平氣和讓別人把話說完，如此一來，你或許會有意想不到的全新見解。

我們應該明白，任何人的談話都可能會讓我們得到啓發，瞬間激發出靈感；與朋友溝通過程中，也常會獲得嶄新的觀點，讓困惑我們已久的問題豁然開朗。

人不是同一個模子印出來的，因此，不能老是以自己的尺度去揣測別人。與人

交往時要保持彈性和包容力，如此才能擁有更多的朋友。

反之，如果你一味地以偏見批評別人，別人也會以偏見回敬你，你如何能開拓自己的生活領域呢？

說話講謀略，做事講策略

古羅馬思想家塞內卡說：「如果一方退出，爭吵就會很快停止，沒有雙方參加就不會有戰爭。」

不聽忠告，等於緊勒自己的脖子

用強辯、抗拒的態度對待忠告，只會讓我們失去一些正直的朋友，等於親手緊勒自己的脖子一樣，扼殺了自己的生路。

社會上的人都不是完美的，各有長處，也有各種缺點。

但是，有的人往往因爲未發覺自己的某種缺點，甚至以爲自己的缺點是優點，那麼，就需要聽聽別人的忠告。

藉朋友的忠告來發覺自己不健全或不成熟的地方，並且加以改善，是彌補自己缺點的重要轉機。

因爲，自己看不清楚的缺點，別人往往能很清楚地看到，如果不知虛心改進，你的缺點肯定會成爲拓展人際關係的一大障礙，無法建立良好的人脈。

有位哲人說：「人類是以語言鍛鍊並培養的動物。」

接受忠告固然痛苦，但有益於自己的心性成長，以及人際關係的拓展。因此，唯有朋友間互相忠告，彼此才能擁有更完美的人生。

不管在什麼情況下，我們都必須虛心接受別人的忠告，至於在接受的態度方面，應該注意以下幾點：

一、不要在乎是誰提出忠告，而要在乎忠告的內容

有的人相當在乎忠告者的資格或人品，常常厭煩地說：「你有什麼資格說這種話？」以致於失去自我反省的機會。

與其拘泥忠告的人是不是有資格勸戒自己，倒不如思考他所說的話值不值得參酌。抱持著「聞過則喜」的心胸，坦然面對自己的缺失，將非常有益於自己成長。

二、坦誠地道歉

對於別人的忠告，有的人一味地抱著拒絕、辯駁的態度，這樣不但顯露自己心胸狹隘，也會使得誠心勸告自己的朋友逐漸疏遠。發現自己有這種傾向，必須鼓起勇氣爲自己的錯誤道歉，假使對方已經心生不悅，最好先設法平息他的怒氣，以後

再找機會作解釋。

三、不逃避責任

如果自己犯了錯，卻將責任轉嫁給別人，並且推卸說：「這又不是我的責任！」或「都是××不對，事情才會變成這樣！」將會被認為沒有責任感，這樣的辯白只會被當作諉過之詞。

其實，有些話乍聽之下好像蠻有理由，藉此來掩飾自己的失敗似乎言之成理，但是找理由為自己辯解，其實是缺乏擔當的做法。失敗就是失敗，要勇於承認錯誤，要勇於接受忠告，逃避只會讓自己心中留下疙瘩，欠缺成長所必須經過的磨練。

四、不情緒化，不說硬話

強辯、不肯適時退讓的態度，無法建立好的人際關係，動輒情緒化或撂下硬話，同樣不受人歡迎。

釋加牟尼曾說道：「不聽人言的人無法得救。」

自己做錯事卻死不認錯或不加反省，只會證明自己的愚昧無知。

有的人對於別人的勸告感到不屑，刻意保持沉默。

有的人只是在口頭上接受，其實暗中一直抗拒著。

也有人惱羞成怒地反問對方：「你年輕時代也發生過這種事吧？」或是：「難道你就沒出過錯？」

這些態度都是要不得的。

用強辯、抗拒的態度對待忠告，只會讓我們失去一些正直的朋友，等於親手緊勒自己的脖子一樣，扼殺了自己的生路。

說話講謀略，做事講策略

英國作家包斯威爾說：「永遠不要當著別人的面議論他，那樣是粗魯的行為，甚至可能得罪別人。」

認錯不會降低自己的威信

唐太宗並沒有因為承認錯誤而損害了自己的威信，相反的，卻使他成為流芳千古的曠世明君。

事情往往就是這樣，當我們刻意去追尋某種東西的時候，可能無功而返，但如果換一種方式，則可能輕而易舉地得到。

生活的辯證法，有時候和愛因斯坦的相對論是差不多的。譬如，有的人想要建立威信，用盡辦法卻無法達成，但是，有時候放下身段承認自己的缺失和短處，反而會讓大家感到敬重。

開創貞觀盛世的唐太宗，是一位勇於接受別人意見和批評的皇帝。

有一天，唐太宗心血來潮，問宰相魏徵：「爲什麼歷史上的君主，有的明智，

有的昏聵？」

魏徵回答說：「能夠聽取各方面的不同意見，就是賢明的君主；如果只聽信一方面的意見，就是昏庸的君主。例如，隋煬帝就是昏君，因爲他不願聽到有人造反的消息，於是佞臣虞世基就投其所好，隱匿實情不報，結果導致國破人亡。」

唐太宗聽了這番話後頗爲認同，於是廣納各方建言。

還有一次，唐太宗對大臣們說：「隋煬帝這個人學問淵博，也知道堯、舜賢明，桀、紂昏暴，可是爲什麼他自己還是那麼昏庸呢？」

魏徵回答說：「一個好皇帝光靠天賦聰明和學識淵博是不夠的，還得應虛心納諫，彌補自己的不足之處。隋煬帝自以爲才智甚高，目中無人，誰的話也不願聽，所以他說的是和堯舜一樣聰明的話，做的卻是桀紂那樣愚蠢的事，因而自取滅亡。」

唐太宗聽了，深覺有理，感歎道：「前世之事，後世之師。」

唐太宗也確實接受了魏徵的不少諫言，改正自己的一些過失，甚至有時行事，一想到魏徵的批評就會改變做法。

有一次，唐太宗準備出巡，吩咐屬下必須準備好豪華車馬與儀仗陣隊，後來卻突然改變主意，取消了出巡事宜。

魏徵問他是何緣故，唐太宗不好意思地說：「唉，我只是想到你一定又要批評我張揚、奢侈，所以取消了這次出巡。」

唐太宗說完，與魏徵兩人四目對視，不禁哈哈大笑起來。

唐太宗並沒有因爲承認錯誤而損害了自己的威信，相反的，卻使他成爲流芳千古的曠世明君。在他主政之下，出現了中國歷史上極少有的太平盛世——貞觀之治。

像唐太宗這樣位高權重的帝王都能虛心檢討自己，一個人做到「該認錯時就認錯」，又算得了什麼苛求呢？

說話講謀略，做事講策略

美國作家愛默生說：「生活最妙之事是交談，最大的如意之事正是人們之間的推心置腹或心領神會。」

從別人感興趣的話題開始談起

人生活在這個世界上，生理、心理上都有各式各樣的需要，應當盡可能從某一方面去滿足對方的需要，同時也盡可能滿足自己的需要。

日本作家桐田尚作曾經寫道：「要建立良好的人際關係，要先多瞭解每一個人所秉持的主觀信條和所屬環境，如此才能切入他的思想領域，和他進行更密切的溝通和良好的互動。」

平常，我們在與人交談的時候，最好選擇那些容易引起別人興趣的話題，而那些不吸引人的話題最好少談，這樣才能使交談深入下去。

每個人都有自己的情況，諸如地位、素養、身份、職務、興趣、氣質、性格、習慣、經歷……等，都各不相同，因而決定了每個人選擇話題的不同標準和需要。

比如，老年人喜歡議論過去，年輕人偏重於憧憬未來，男人熱衷競爭、比賽、時事等話題，婦女則對時間、感情、家庭之類的話題感興趣，這些都說明了話題的選擇要根據談話對象而定。

一個話題，只有讓對方感興趣，會話才有繼續進行的可能。如果只是從自己的興趣出發，難免使別人感到索然無味。

人生活在這個世界上，生理、心理上都有各式各樣的需要，應當盡可能從某一方面去滿足對方的需要，並以此爲前提，同時也盡可能滿足自己的需要。

美國女記者芭芭拉·華特初遇世界船王兼航空業巨頭歐納西斯時，他正與同行們熱烈討論著貨運價格、航線、新的空運構想等問題，芭芭拉始終插不上一句話。

在共進午餐時，芭芭拉靈機一動，趁大家談論業務中的短暫間隙，趕緊提問：「歐納西斯先生，你不僅在海運和空運方面，甚至在其他工業方面都獲得了偉大成就，這眞是令人震驚。你是怎樣開始的？起初的職業是什麼？」

這個話題叩動了歐納西斯的心弦，使他撇開其他人，同芭芭拉侃侃而談，動情地回溯了自己的奮鬥史。

這就是一個好話題的威力，它激發了對方的榮譽感和成就感。

可見，一個話題如果能在某個方面滿足對方的需要，就能促使對方侃侃而談，也同時滿足了談話者的需要。

說話講謀略，做事講策略

麥金利說：「棍棒和石塊會使皮肉痛苦，懷著怨恨的言詞則可以把人螫傷。」

08

以平常心對待，談話就不會失敗

與名人來往時，
對待他們就要像對待平常人一樣。
只要有了這種正確的觀念，
自然就不會恐懼慌張。

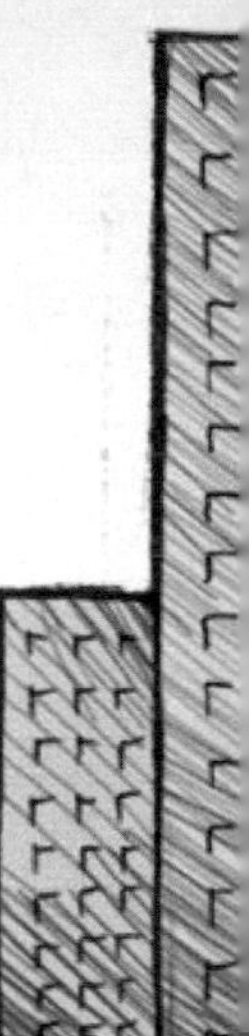

穩固人際關係，為成功打好地基

語言是人與人交流思想、資訊和情感的工具，所以應審慎應用，千萬不要用惡語損及自己與他人的關係。

穩固的人際關係是獲得事業成功的基石，所以千萬不要小看這一方面，更要隨時隨地留心與每一個人的互動情形。把人際關係打好，就等同爲成功建立最穩固的地基，對自己有益無害。

想要成功地營造自己的人際關係，應該熟悉靈活處世之道，與人交往互動時，應極力避免觸犯以下幾個錯誤：

• 不要言而無信

為人處世，信用兩字相當重要。古代君子強調「一言既出，駟馬難追」、「一諾千金，一言百繫」，便都是著重在一個「信」字。

還有一句諺語說「言必信行必果」，則點明了信用的內涵。這是一種對自己、對他人、對事業都負責的態度，也是在社交圈中必須樹立的形象。

不講信用的人，在現代社會中所在多有，這類人非但不值得信任，更不值得投入心力與時間經營、交往。

人際交往，貴在一個「誠」字，只要掏出心來，便能夠彼此靠近。在背後造謠生事、蜚短流長的行為，不但會破壞一個組織的團結，傷害朋友之間的情誼，甚至還會釀成環境的不安定，同時象徵了個人品行的低下。

因此，在社交生活中，我們一定要注意做到以下幾點：

1. 不傳播不負責任的小道消息。
2. 不要主觀臆斷，妄加猜測。
3. 對朋友的過失不該幸災樂禍。

4. 避免干涉別人的隱私。

• 不隨便發怒

喜怒哀樂本是人之常情，但必須控制在一定限度以內。心理學研究指出，隨便發怒，就人與人的互動來說，會傷害和氣與感情，損及熟人之間的信任和親近。

抑制怒氣是個人理智戰勝感情衝動的過程，而所謂理智，恰好是彬彬有禮者應具備的特有標誌。

常聽人說「江山易改，本性難移」，似乎認爲愛發怒是與生俱來，無法控制，其實是一種誤解，想要讓自己的人際關係更圓融，就必須改善易怒的缺點。

大多數人都會下意識地對自己的行爲、信念和感情辯解，因此不知不覺中把自己置於其他人之上，強求所有人來適應自己，同時把自己的意志強加於他人。

這種不能以平等態度對待自己和別人的心理，會透過許多不同的互動關係表現出來，這樣的人容易對同事和下屬發怒，也會對妻子兒女專制，認爲所有地位身分或輩分較低下的人都應該聽命行事，順從自己。

由此可見，隨便向人發怒，絕對是一種不尊重且不講文明禮貌的行爲，無論產生的原因爲何，都應該設法改掉。

・不要任意為他人取綽號

綽號就是外號，依據每個人的特點而產生。

綽號象徵的涵義各有不同，例如稱英國前首相柴契爾夫人爲「鐵娘子」，是帶有褒意的美稱，類似的綽號會讓所有人都樂於接受。相對的，如果是帶有侮辱性的綽號，那就會讓人心生不悅。

有的綽號源自人天生的生理缺陷，例如「矮子」、「肥豬」、「黑鬼」等等，就相當不雅。爲他人取這樣負面的綽號，無異於揭別人的短處，對當事人造成心理傷害，無異於人格的侮辱。

若是有人替你取了不當的綽號，不妨平淡以對，不予理睬或一笑置之，如此可以避免繼續流傳，將傷害減低到最小程度。

•不要惡語傷人

惡語，是指那些骯髒污穢，意在奚落挖苦的語言。

良言一句三冬暖，惡語傷人六月寒。惡言中傷是最不道德的行爲，對自己、對他人都不會有任何好處。

說話時，絕對要注意所運用的言辭和口氣，盡可能避免給人粗野的感覺。輕蔑粗魯的語氣使人感受到侮辱，驕橫高傲的態度使人與你疏遠，憤怒粗暴的表現則有可能將事情的演變導向不好的方向。

語言是人與人交流思想、資訊和情感的工具，所以應審愼應用，千萬不要用惡語損及自己與他人的關係。

•不要嘲笑別人的生理缺陷

生理上存在缺陷的人，一般都較爲內向，交際範圍小，並時常常常感到自卑、失望，與人有隔閡。

這些沉重負擔會使他們格外看重精神性的需要，特別渴望真誠的友誼、尊重、信任和感情。同理，當受到別人的嘲笑、冷落或不信任、不公平對待時，也更容易引起委屈、哀怨等情緒。

與正常人相比，生理上有缺陷的人會碰到更多、更大的困難，來自許多方面，包括學業、工作、日常生活以及職業等等。

對待這樣的人，需要付出更大的關心、幫助、支援和鼓勵，他們在感動之餘，會以更大的誠意回報。

善用談話技巧獲取他人好感

若能把握各種談話方式，在各種交際應酬場合適當地運用，會讓口才更加出眾，也能加深他人對自己的好感。

活在商業社會，人免不了要從事各種交際應酬，尤其是身爲領導者或高階主管，面對這類場合的機會更是多。

應酬的對象可能是客戶，可能是一同合作的廠商，也可能是自家公司的同事或上司，但不論對象是誰，這些人對你在事業上的成功與否，都有一定的影響力。也許能因此拉到一個大客戶，也許能藉此加強合作夥伴對自己的好感，甚至可能因而得到升遷的機會。

因此，應酬的技巧是成功人士必備的一項技能。

成功的應酬技巧，是指在各種場合中都能應付自如，其中最重要的就是談話的技巧。若能把握各種談話方式，在各種交際應酬場合適當地運用，會讓口才更加出色，也能加深他人對自己的好感。

以下列出幾種常見的談話方式：

一、傾吐式

這是最強烈的情感和思想交流方式，它是以說話者對聽話者的強大信賴爲基礎，將自己的喜、怒、哀、樂，以及種種打算與計劃全部告訴對方，讓對方幫忙評判這些想法。

在這種談話方式中，自己擁有說話的主動權，對方多半是被動地反應，或許會受到激勵而奮發進取，或許能得到教導而悔過自新，或許會因此敞開心扉，伸出熱情的友誼之手。

二、靜聽式

與傾吐式相反，靜聽式是在被動中贏得主動，特別是在把握不了對方思路的時候，靜聽的方式能幫助自己爭取時間、理清頭緒。

靜聽不代表就是靜止不動，而是要隨著對方的情緒與談話內容，或點頭、或微笑、或做個手勢與面部表情，表達自己的想法，並引起對方的注意，引導談話的方向，對方也可以在這些簡單的示意中得到安慰或力量。

三、判別式

在交談中，抓住對方談話的空隙，恰如其分地插話，以表達自己的看法，這有益於促進思想與情感的交流。

值得注意的是，評判要適時、適度，如果粗暴地打斷對方談話或不負責任地妄加評論，只會損害自己的形象，造成往後交流上的障礙。

四、啟迪式

談話對象有伶牙俐齒和沉默寡言之分，因而交談方式也應有所區別。

若談話對象拙於言詞，就要循循善誘，多方面進行啓發，好讓對方吐露心聲。交談時，一定要注意用詞的柔和與婉轉，或拋磚引玉、或旁敲側擊，切不可急躁從事、大放厥辭。

五、靈活式

在非正式的場合中，主題單一的談話是很少見的，多半是一些人聚在一起閒聊，沒有固定的題目和目的。鑑於這種情況，談話時要注意話題的轉換，並且透過不斷地變換話題，找出大家都感興趣的話題來談。

在這類型談話中，千萬不可不顧他人，只談自己的話題。

六、間休式

就像中篇小說要分章節一樣，耗費較長時間的談話也要注意間歇休息，因爲體力上的疲憊往往會導致思維混亂，精力充沛則有助於談話的成功。所以，在較長時間的會談中，要有適度的休息。

但是在間歇時，不要使氣氛變得尷尬或難堪，可以一同看看報刊、聽聽音樂、下下棋，這都能保持原有的融洽氣氛。

七、加強式

這是對判別式談話的補充。交談時，雙方可能都會說出一些不太成熟的想法，有不少人對此漠然看待，這實在不是正確的態度，有一些新奇獨到的主意可能因此被埋沒。

正確的做法應該是，密切注意對方提出的新觀點，同時多動動自己的腦筋，共同進行一番創造性思考。透過彼此交換意見的方式，使對方的觀點更加成熟、更加完善，從而使雙方都能受益。

避開忌諱話題，使談話順利

交際應酬中的問話目的，是要引起雙方的興趣，以使交談順利、愉快，而不是要使任何一方難堪。

在交際應酬的談話中，要注意許多「忌諱」。交談的話題若觸及這些「忌諱」，就會使場面變得相當尷尬，無法轉移話題時更讓彼此難堪，若是對方脾氣暴躁一點，說不定還會因此翻臉。

這樣的交際應酬不但無法帶來好處，還會使彼此關係變得惡劣。

例如，如果對方是同業，就絕不可問他的經營情況，因爲每個人或多或少都有些「同行相忌」的毛病，況且營業情況更屬企業機密，所以若問同行業者的公司內

部情況，實在是相當不明智的行爲。

此外，若是跟對方提及另一個與他站在敵對立場的人或企業，也是不恰當的，這樣的話題易使對方誤以爲你心存挑釁，容易引起紛爭。

還有幾個應酬談話中的「忌諱話題」是不可不知的。例如，不可問對方首飾的價錢，不可問對方的業績，不可問女子的年齡，不可詳問別人的家世，不可問別人用錢的方法，不可問別人工作上的秘密……等等。

曾有位成功的領導人說：「倘若我不能從任何一個見面的人那裡學到一點東西，就是我處世失敗。」

這句話相當發人深省。換句話說，應酬中的問話不僅可以打開談話局面、交流彼此間的情感，更可以藉此增加自己的見識。

問話是表示虛心、表示謙遜，同時也表示尊重對方的意思，一個肯坦白求教的人，最能取得別人的歡心。因而若對於一件事情不明白，就不妨放下身段請教別人，自作聰明是最吃虧也愚蠢的做法。

但是要怎麼問呢？這問題也值得研究。

問話的方法有很多種，成效自有高低的分別。高明的問法使人心生喜悅，而愚蠢的問話只會令對方啼笑皆非，甚至產生反感。

還有，問話的內容也要詳加考慮，除了要避開種種「忌諱話題」，還要注意談話的場合與對方的身分地位。

總而言之，在交際應酬中，凡對方不知道或不願讓人知道的話題，都應該設法避免。因爲，應酬中的問話目的，是要引起雙方的興趣，以使交談順利、愉快，而不是要使任何一方難堪。

要能令答者起勁，同時也能增加自己的見識，這才是高明的問話技巧。

將錯就錯，「幽」自己一「默」

當自己的名字被叫錯時，不妨放寬心，「幽」自己一「默」，用詼諧的方式化解尷尬氣氛。用有趣的指正方法，就能解除對方的難堪。

在社交場合中，有些狀況會令雙方相當尷尬，其中常見的狀況之一就是對方弄錯了自己的名字。特別是在一個團體中，若有其他人的名字和自己很相似，就更易發生張冠李戴的現象。

若是被當面叫錯名字，不論是誰都會覺得不舒服。可是當事者在那一瞬間的不同反應，將會造成極端不同的結果。

若是反應快、能解除雙方的尷尬，不但能緩和當時的氣氛，對方也會因爲你寬宏大量的態度，因此心生好感。相反的，若是因爲被叫錯名字而心存芥蒂，使場面僵持不下，不僅自己不愉快，也妨礙了彼此之間的交流，甚至可能因此失去了一個未來的合作夥伴。

因此，當自己的名字被叫錯時，不妨放寬心，「幽」自己一「默」，用詼諧的方式化解尷尬氣氛。

例如，曾有個名叫「王立」的人被誤叫爲「吳立」，但是，他的反應很快，立即回答說：「我是王立呀！叫『無力』也太可憐了一點。不過我的名字實在很普通，難怪不好記。」

用這種有趣的指正方法，就能解除對方的難堪，也緩和了氣氛，結果皆大歡喜，彼此間的交情自會更加融洽。

一個經常跟自己碰面的人，卻搞不清自己的姓名，當然是件令人不愉快的事，可是，這也不是什麼難以忍受的事吧？

既然對方記不清楚，乾脆再報一次姓名就好，而且爲了加深對方的印象，應把自己的外表特徵和名字連在一起告訴對方，這樣自然不易再發生叫錯名字的情況，

對方也會感激你體貼的心意。

一時疏忽而弄錯姓名的事，其實屢見不鮮。其中有很多是未把對方的姓名和外貌記清楚，才造成張冠李戴的錯誤情況。

無論如何，對被弄錯姓名的人而言，如果不想辦法令對方記住自己，以後仍會經常有不愉快、尷尬的情形發生。

因此，想要擁有和諧而廣泛的人際關係，最好的方法就是把自己外表的特徵和名字連在一起，用詼諧幽默的方式告訴對方，這樣對方自然會對你留下深刻的印象，之後就不易再發生叫錯名字的情況了。

道歉是挽救關係的最佳辦法

若是犯了錯，就要儘快道歉、勇於道歉，這是彌補自身錯誤、挽回彼此關係的最佳辦法。千萬別因羞於開口道歉，使彼此關係更加惡化。

在交際應酬的場合中，即便說話行事再小心，也難保永遠不會犯錯或是不小心冒犯了對方，因此，人人都應該學會道歉。誠心的道歉不僅可以彌補破裂的關係，甚至還可能因此增進彼此的感情。

道歉的方式有許多種，最常見和需要注意的地方有以下幾點：

一、如果自覺說不出道歉的話，可以用別的方式來代替。

例如，一束鮮花與小卡片可使前嫌盡釋；把一件小禮物放在對方的位置上，可

以表明悔意……等。即便道歉的話說不出口，只要多發揮一點創意，一樣能用替代的方式獲得對方原諒。

二、切記道歉並非恥辱，而是真摯和誠懇的表現。大人物有時也得道歉，像邱吉爾起初對杜魯門的印象很差，但他後來告訴杜魯門說自己以前低估了他，向他表示歉意，而他的坦白與誠懇的道歉也贏得杜魯門的好感。

三、應該道歉的時候，就馬上道歉，越耽擱就會越難啓齒。

四、如果自己沒有錯，就不要爲了息事寧人而去道歉，這種做法對任何人都沒有好處。同時要分清「深感遺憾」和「道歉」這兩者之間的區別，有些事可以表示遺憾，但不必道歉。

五、有時候光是嘴裡說「對不起」是不夠的，還要附上書面的道歉信，因爲寫在紙上的比嘴裡說的更有分量。因此，必要之時，可以寫一封道歉信給對方，表達自己由衷的歉意。

六、要給對方發洩心中不快的機會，讓對方罵你，將心中的怒氣發洩出來，這是挽回情誼的好辦法。若將不滿堆積在胸中，會使對方的怒氣長久不散，這就很難與對方重修舊好。

七、有時要刻意誇大自己的過錯。因爲，犯錯者越是誇大自身的錯誤，對方越會覺得你確實有悔意，也就願意原諒你犯下的錯誤。

八、多採取具體的補償行動，像是送點小禮物給對方、請對方吃飯等都不失爲一項好辦法，具體的行動更能表現出自己的誠意。

九、在道歉時要讚美對方心胸寬大，因爲多數人受到這樣的讚美之後，都會不好意思再追究下去。

總而言之，若是犯了錯，就要儘快道歉、勇於道歉，這是彌補自身錯誤、挽回彼此關係的最佳辦法。

千萬別因羞於開口道歉，使彼此的關係更加惡化了。

說「不」也要維護對方顏面

在拒絕別人請求時，態度一定要謹慎、真誠，使對方了解你的苦衷。一次成功的拒絕，可能會為將來的重新握手播下希望的種子。

在商場的人際交往中，爲人所求時，說「不」還需要多花點心思、多用點技巧，既要達到拒絕的目的又不能傷了和氣。若是處理得不好，讓對方覺得你是在刻意刁難他，或是損及對方自尊，那彼此間的交情也就斷送了。

一般而言，拒絕別人的請求時，有以下幾點要多加注意：

一、顧及對方的自尊，為對方留下台階

人都有自尊心，一個人有求於人時，往往都帶著惴惴不安的心理。在這種情況下，如果一開始就向對方說「不行」，勢必會強烈傷害對方的自尊心，使對方不安的心理急劇增加，甚至因此引發強烈的反感，產生不良的後果。因此，不宜在一開口時就宜說「不行」，應該尊重對方的願望，先說些關心、同情的話，然後再說明實際情況，說明自己無法接受請求的理由，並表達自己無能為力的歉意。

事先說了那些讓人聽了產生共鳴的話，對方才會相信你陳述的情況是眞實的，相信你的拒絕是出於無奈，心理上會較接受自己被拒絕的情況。

拒絕別人時，不但要先考慮對方可能產生的反應，還要注意措辭。例如，你拒聘某人時，如果悉數羅列缺點，會十分傷害對方的自尊心。應該先稱讚他的優點，然後再指出缺點，說明對方不適任的原因，如此對方自會心服口服，甚至感激你指出他需要改進的地方。

二、降低對方對你的期望

大凡對你有所請求的人，都是相信你能解決這個問題，對你抱有很高的期望。一般而言，對你的期望越高，越是難以拒絕。

所以，拒絕請求時，倘若多講自己的長處或過分誇耀自己，等於是在無意中提高了對方的期望，也加大了拒絕的難度。相反的，如果適當地說一說自己的短處，就會降低對方的期望，較易於拒絕對方。

此外，若能抓住適當的機會多講別人的長處，就能自然地轉移求助目標。這樣不僅可以達到拒絕的目的，而且會使被拒絕者得到更好的求助對象，由此產生的愉快、欣慰心情，將取代被拒絕時產生的失望與煩惱。

三、儘量使拒絕的話語溫柔和緩

要拒絕對方時，可以連連說出場面話，使對方產生「可能被拒絕」的預感，讓他的心中有所準備。

若是在談判中拒絕對方，一定要講究策略。婉轉地拒絕，對方會心服口服；如果生硬地拒絕，對方則會心生不滿，甚至懷恨在心或仇視你。

因此，拒絕對方時，儘量不要傷害對方的自尊心，要讓對方明白你的拒絕是出於不得已，自己也感到很抱歉、很遺憾。

四、讓對方明白自己的處境

一般而言，一個人有事求別人幫忙時，總是只希望別人能滿足自己的需求，往往不考慮自己給他人帶來的麻煩和風險。

因此，若能實事求是地說明利害關係和可能產生的不良後果，把對方也拉進來，共同承擔失敗的風險，讓對方設身處地去判斷現實情況。這樣會使提出要求的人望而止步，放棄自己的要求。

此外，拒絕別人的要求時，若將鐵一樣的事實擺在對方眼前，那無論怎樣堅持自己意見的人，也不能不放棄自己的要求。

五、儘量使自己爭取主動，站在有利的位置上

不管怎麼說，拒絕別人的要求之時，自己總是處在被動的位置上。這是因為自

己很難預料是誰、在什麼時候、會提出什麼要求，而且對方的要求一經提出，又得當面答覆。

不過，有些情況下，採取登門謝絕的方式，就可以使對方產生感恩心理，爭取到一點主動權。

登門謝絕有三個好處，首先，自己以登門拜訪的熱情溫暖對方的心，對方被拒絕了也不至於感到傷心難過。

其次，既已表示願意爲對方效微薄之力，但又肯不辭辛勞地登門拒絕，可見拒絕是出於力不從心，從而能得到對方的理解。

最後，登門拒絕能使自己由被動轉爲主動，以求助的方式請求對方接受，不會傷害對方的感情。特別是長輩對自己提出的請求，如不能接受，採取登門謝絕的做法是再好不過的了。

六、態度一定要真誠

拒絕總是令人不快。「委婉」的目的無非是爲了減輕雙方，特別是對方的心理負擔，並非玩弄「技巧」捉弄對方。

特別是領導者、長輩拒絕下級、晚輩的要求時，不能盛氣凌人，要以同情的態度、關切的口吻講述理由，使對方心服。

總而言之，在拒絕別人請求時，態度一定要謹愼、眞誠，使對方了解你有不得已的苦衷。請謹記，一次成功的拒絕，可能會爲將來的重新握手、更深層次的交流播下希望的種子。

藉機巧言，傳達心意

藉機巧言是種極富機智的說話方式，它的靈活性很大，在任何場合中都能使用，更能使聽話者留下深刻、良好的印象。

在特殊場合中，藉機巧言的說話方式可達到傳遞資訊、抒發感情的目的，這也可以說是一種特殊情況下的語言表達方式。

俄國著名文學家、批評家赫爾岑年輕時，有一次去一個朋友家赴宴，但他被宴會上演奏的輕佻音樂吵得十分難受，只好用手捂住耳朵。

主人見了忙解釋說：「正在演奏的是流行樂曲啊！」

赫爾岑反問：「流行樂曲就一定是高尚的嗎？這種曲子聽了就令人受不了！」

主人接著反問：「不高尚怎麼會流行呢？」

赫爾岑進一步反駁道：「那麼流行性感冒也是高尚的嗎？」

主人聽了啞然，無言以對。

運用藉機巧言的方法有以下幾個特點：

一、它是人際關係處於複雜狀態下的產物。迫於人際關係複雜性或客觀環境不允許直言時，要想把自己心中的話說出來，又不想把關係搞僵使自己受到危害，藉機巧言就是最好的表達方式。

二、它是一種假戲真做、曲折迂迴的表達方式。

三、它帶有強烈的情感色彩與相當大的靈活性。

英軍總司令威靈頓公爵在滑鐵盧大敗拿破崙，凱旋回到倫敦後，舉辦了一個相當隆重而盛大的慶祝晚宴，參加這次宴會的有各界社會名流、貴族紳士，還有許多參戰的軍官和士兵。

當天晚宴的菜餚十分豐盛，到最後晚宴即將結束時，每個人面前都擺了一碗清水。這時，宴席上一名士兵竟大大方方地喝起這碗水。

見此情形，在場的貴賓都竊笑不已。原來，這碗水是在吃點心前用來給賓客洗手的，但那名農家出身的士兵不懂宮裡的規矩，因而鬧了笑話。當那名士兵了解真相後，頓時羞得滿臉通紅。

威靈頓公爵見到這情況，端著這碗洗手水站起來說：「各位女士、先生們，讓我們共同舉杯為這位英勇的戰士乾一杯吧！」一陣熱烈的掌聲後，大家舉杯同飲。

威靈頓公爵此舉化解了那名士兵的難堪，更使在場的每位賓客都爲威靈頓公爵的人品與舉止深受感動。

藉機巧言是種極富機智的說話方式，它的靈活性很大，在任何場合中都能使用。若是使用恰當，更能使聽者留下深刻、良好的印象，是想成爲成功領導人不得不學的說話技巧。

以平常心對待，談話就不會失敗

與名人來往時，對待他們就要像對待平常人一樣。只要有了這種正確的觀念，自然就不會恐懼慌張。

與名人說話時，不要有害羞畏怯的心情，只要能眞正表達出內心的意思，就能與任何名人開口說話。

有些人對名人只會一味地附和、奉承，這樣是不會令對方愉快的。其實，只要語氣誠懇，措辭和說話態度都得體合禮，對方就會對你留下良好的印象。

要把名人視爲一位有血有肉的人來對待，對他提出一些能夠表達感情的問題，但不要把他視爲超人。他像任何人一樣，敵不過疲倦，也擋不住傷害，甚至可能比

你更脆弱，而且與你一樣害羞。不要認為名人真的就如藉以出名的職業或形象一樣，事實上，雖然許多名人向公衆傳遞出信心、睿智、仁慈、滑稽或性感等形象，但那往往是刻意表現出來的假象。

當你同時應付兩位名流時，不要只顧著你所敬仰的那一位，而置另一位於不顧，這會使他們兩位都不自在。此外，如果你想持續和他們交談，那就必須保證話題是他們二位都能參與的。

在這類交際場合中，即便你對某一位名人並不熟悉，而且經過介紹之後仍想不起任何與他有關的事蹟，也不能對他有所怠慢。必須一視同仁，對所有名流表達出同樣的熱情和友善。

不喜歡說話的名流，包括外貌滑稽而似乎容易親近的喜劇演員在內，他們在舞台上已經笑到了極限，因此在真實生活中，往往再也無法發揮幽默了。

作家、詩人、畫家、音樂家等等從事創作性工作的人，雖不大喜歡說話，但這些人往往對政治乃至於宗教各種方面有廣泛的興趣。他們在社交場合中也許不太活躍，但可能有啓發人們思想的獨到想法。

因此，想和這些人談話必須有耐心，不要輕易動怒，也不要太熱情，保持溫和、冷靜和體貼的態度。

名人們也有自己私人的嗜好。比如有的名流很關心學校教育，可能有些百年樹人的改革大計，還有的名人會利用業餘時間鑽研某一人物。若事先知道這些消息，可以預先做點談話內容的準備。如果對方是位知名度很高的名人，那麼，你可以向有關方面的人多加打聽。

名氣普通的名人總是生活在情緒不穩定的狀態中。內在的恐懼，使他們特別脆弱敏感，別人稍有怠慢就會激怒他們，也容易顯得傲慢。他們絕對需要你的尊重和順從，而且名氣越小，對於親切、尊重的需要也就越大。

對待褪了色、過氣的名人時，最好採取迂迴戰術接近他，彼此間的開場白應當是積極的，儘量避免消極的開場白，例如「你最近空閒下來是怎麼打發時間的呀？」或「很久沒有見到你在公眾場合露面了，你去哪啦？」或「這麼久沒有在舞台上露

面，會不會覺得無聊呢？」

這些話等於當頭潑他一盆冷水，也可以預見接下來的談話不會多愉快了。

在多數情形下，與名人談孩子是不會錯的。你可以問對方有幾個孩子？多大了？孩子讀的學校好不好？教學方式如何？如果你也當了爸爸或媽媽，那麼，你就更具備和他們談論孩子的資格。

但是，對於這類話題還是要多加小心，不要將話題扯得太遠，不要顯得在挖掘對方隱私，要適可而止。

與名人來往時，最重要的就是不要忽略了他們也是人這一點，對待他們就要像對待平常人一樣。他們也有歡樂、有悲傷、有缺點、有怨恨、有驚恐，是和平常人一樣有感情的，並不因爲有了地位就不再是人。只要有了這種正確的觀念，那麼與大人物打交道時，自然就不會恐懼慌張了。

寒暄是拓展友誼的關鍵

透過寒暄，給不快的人安慰；給久別重逢的人關懷；給鄰里親友歡樂。並由此溝通感情、聯絡友誼，促使人際交往達到水乳交融的佳境。

寒暄是交談的潤滑劑，也是一種自然的交談方式，它能在交談者之間搭起一座友誼的橋樑。

寒暄能使彼此產生認同心理，滿足人們想親近對方的需求，因此，寒暄是人際交往中必不可少的一環。

就寒暄的形式而言，一般有以下兩種情況：

一、路遇式寒暄

路遇式寒暄就是在路上或一些公共場合裡遇到熟人，順便打個招呼。在這類寒暄中，一種是對經常見面的熟人握握手，說句「你好」之類的問候語。如果是在路上騎車相遇，可相互點點頭、微笑一下，不用下車。

要是在路上遇到較長時間未見面的熟人，則不可以點頭而過，要停下來多說幾句話。如果自己眞的有急事要辦，也要與對方說明清楚再離開，這是人際交往中的基本常識。

二、會晤前的寒暄

會晤前的寒暄就是指在談話進入正題之前的問候。在這類寒暄中，一種是常見的問候方式，如說「您好」、「請進」、「請坐」等等。另一種是特殊情況的問候方式，如對病人、老人、師長、好友，或是對方大病初癒、長途旅行回來、剛遭逢不幸等情況，在這種特殊狀況中，寒暄問候要格外體貼入微。

至於就寒暄的內容而言，可以有以下四種方式：

一、關懷式寒暄：這是一種熟人之間常見的寒暄方式，通過真摯深切的問候，以加深人際間的感情。

二、激勵式寒暄：就是在彼此寒暄的幾句話中，給人鼓舞和力量。

三、幽默式寒暄：在寒暄中加點幽默詼諧的成分，對協調交際氣氛是很有效果的，人際間的溝通與友誼就會在幽默的寒暄中建立起來。

四、誇讚式寒暄：若一大早起來，接連聽到幾句諸如「您起得好早啊」、「您身體越來越好啦」之類的讚美式寒暄，會感到這一天心情格外愉快。

不過，誇讚式寒暄也要用點技巧，其中一個技巧，就是誇讚的內容最好具體一些，這樣才能產生較大的作用。

除此之外，在寒暄中，應注意以下三點：

一、要注意對象：寒暄內容要因人而異，不可對任何人都說一樣的話。

二、要注意環境：在不同的環境裡，要有不同的寒暄語言。

三、要注意適度：寒暄要適可而止，過多的溢美之詞，會給人虛偽客套的感覺。

總之，要透過寒暄，給不快的人安慰，給久別重逢的人關懷，給鄰里親友歡樂，並由此溝通感情、聯絡友誼，促使人際交往達到水乳交融的佳境。

恰如其分地讚美別人

要恰到好處地讚美別人不是一件容易的事，
但如果稱讚得體，就能博取對方歡心，
快速拉近彼此之間的距離。

善用「公關」打造良好形象

公關語言除了要優美生動，還必須傾注真摯而充沛的感情。只有心中裝滿誠摯的感情，說出來的話語才可能感動人心。

所謂「公關」，就是指與形形色色的人打交道。最重要的，就是要透過種種方式、手段，加強自己在公眾面前的良好形象，因此，「公關技巧」可說是每位領導人不得不研究的一項學問。

一般而言，公關語言的藝術性主要體現在以下六個方面：

一、幽默的力量

幽默是一種藝術，可以用來增進自己與他人、組織和公眾之間的關係。使人從令人發窘的問題中或尷尬的時刻裡脫身，化陰暗為光明、化干戈為玉帛。

某位企業領導人到香港創辦新公司之時，由於他的投資行為受到各方重視，因此一下飛機就有大批記者要採訪他。其中一位香港記者毫不客氣地問：「你這次帶了多少錢來？」

這名領導人一見發問者是位女士，便答道：「對女士不能問歲數，對男士不能問錢數。小姐，妳說對嗎？」

一句話即迴避了問題，又具有幽默感。比起支支吾吾地掩飾，或是擺起架子、板起臉孔地拒絕回答問題，這種善用幽默的回答方式不知強了多少倍。

二、豐富的辭彙

公關語言要運用準確生動、富有表現力的辭彙，這樣可以激發公眾的熱情、喚起公眾的想像，並得到公眾的信賴。

因此，必須掌握大量的辭彙，善於運用同義詞、近義詞的轉換，能嫻熟地運用專業詞語、成語、俗話。當然，這些知識要靠平時廣為蒐集、認眞儲存，這樣到了

需要運用詞彙時，這些知識就會源源不斷地湧入腦中，信手拈來、隨意脫口而出，就能增加語言的風采。

三、形象的修辭

進行公關活動之時，還必須熟練地掌握和運用各種修辭手法，以增強語言的具體概念。

貼切的比喻能啓發別人的聯想與想像；適宜的設問、反問能引起他人的好奇心；流暢的排比能激發公衆的熱情；適時的反覆和強調能加深他人印象，產生更好的效應。若能善用種種修辭，就能使大衆對你所要傳達的內容印象深刻。

四、變化的句式

爲了加強表達效果，還須注意句式的變化。

在公關活動中，可用單句，也可用複句；可用陳述句，也可用感歎句；可長短句交錯，也可倒裝、前置。句法參差不同，才能加強語句的強度與活潑性。

五、和諧的節奏

說話時，要注意音量、音質、音色，若是頻率過高，會使聲音刺耳，惹人不快；若是頻率過低，會令人沉悶欲睡。

說話語調要有抑揚頓挫、高低起伏，才能吸引聽者的注意力與興趣。

六、真摯的感情

公關語言除了要優美生動，還必須傾注眞摯而充沛的感情。有口話說：「只有在心中裝滿了蜜，口中的言語才會甜。」以此類推，只有當心中裝滿誠摯的感情，說出來的話語才可能感動人心。

公關語言除了具有以上這六個特點之外，由於公關語言多半帶有一定的目的性，因此必須遵循以下這五項原則：

一、通俗易懂原則

公關詞語首先要讓人聽得懂，因此忌用一些冷僻、晦澀的詞語，否則會造成溝通和交流上的障礙。

明朝人趙南星寫的《笑贊》裡有這麼一則故事。

一秀才買柴時說：「荷薪者過來。」賣柴者因「過來」二字明白了秀才的話，就把柴擔挑到他面前。秀才又問：「其價如何？」賣柴者因明白「價」這個字，於是說了價錢。但秀才又說：「外實而內虛，煙多而焰少，請換之。」賣柴者不知秀才在說什麼，便挑擔而去。

這則笑話中的買賣過程，也可看作是公關活動中的口語交往過程，因選用的詞語不通俗，對方聽不懂，這些話語自然無法達到溝通的效果。

二、典雅原則

公關話語要通俗易懂，但並非是要用俚俗、粗鄙的詞語。

談吐和言語格調會直接影響你代表的組織形象，因此應選用典雅的詞語，以給對方良好的印象。比如,「有空再來看看」就不是適當的公關語言,應該說「有機會的話,歡迎再次光臨」。

三、詞語色彩中性化原則

在公關交際中,一般應採用不含褒貶的中性詞語,縮短自身與公眾間的心理距離,達到溝通的目的。比如宣傳產品時,既不應貶低其他廠商的同類產品,也不能「老王賣瓜」自賣自誇,否則會引起公眾的反感。

四、恰如其分原則

進行公關活動時,要把握好遣詞用句的分寸,不要過分,防止語意走向極端。例如,適度的讚美可使對方愉悅,但過分了,只會適得其反。

改變稱呼方式就能改變彼此距離

若想改變自己與對方之間的距離，不論是想拉近彼此的關係或是要疏遠對方，改變稱呼方式都是有效的做法。

俄國傑出哲學家、作家赫爾岑曾經說過：「生活中最重要的是要有禮貌，它比最高的智慧、比一切的學識都還重要。」

此話雖有些偏頗，但禮貌確實是進行社交活動必備的基本美德之一，我們應高度重視「禮貌」的作用力與影響力。

想和不熟的人進一步接觸時，叫對方名字可說是最直接、有效的辦法。受員工愛戴的董事長或是受學生喜歡的老師，多半都是善於記下對方名字的人，這也是集體面試時，必然會遵從的原則。

集體面試是就業面試時，常用來面談的一種方式。這時候，負責面談的這一方，由一個人負責對五六個人面試，幾位應徵者以圍繞面試者的方式坐下，應徵者前面會放置寫上名字的牌子。

在這種場合中，面試者在提問時，必然會叫對方的名字，像是「某先生，對於這一點你覺得如何？」「某先生，你的意見如何？」「某先生，以你的立場而言，你覺得應該怎麼辦？」等等。

被叫名字的應徵者會覺得自己和面試者之間的距離縮短，因而能輕鬆說出自己的想法。以這種方式瞭解應徵者的內涵，即是集體面試的目的。

那麼，若要把這種心態應用於拒絕對方請求時，又該怎麼做呢？

通常和對方的心理距離越接近，就越難開口說「不」，因此若想拒絕對方，就不要直呼對方名字。

另外，在商場上，對於初次見面的人，通常會互相交換名片，大多數人會把新

拿到的名片放在眼前，這也是一種禮節。這樣在接下來的談話中，就能稱呼對方的名字，讓談話進行得更順利。

相反的，若是你不喜歡對方，不想讓這個人接近自己，不想跟對方展開談話，那就不要接受對方的名片。要是已經得到對方的名片了，也不要看名片內容，如此才能有效地拒絕對方。

同時，要以「那位先生」等不叫名字的方式來稱呼對方，以此來維持自己與對方之間的距離，這樣一來，對方多半會知難而退。

總而言之，在商場的人際交往上，若想要改變自己與對方之間的距離，是不是直呼其名會產生很大的影響。

不論是想拉近彼此間的關係，或是要疏遠對方，改變稱呼方式都是最直接又有效的做法。身爲企業領導人，不可不明瞭這一點。

禮貌得體地使用語言

巧妙運用禮貌用語是社交場合中的最高智慧，它能使雙方相處得融洽，有利於友誼的發展。

一句話能使人跳，也能使人笑。語言是思想的衣裳，還能展現出一個人的氣質與教養。交際中如能使用禮貌的語言，不僅能爲自己塑造出良好的形象，還能發揮「良言一句三冬暖」的效用，人與人之間的感情很快就會融洽起來。

因此，應對之時應多加使用如您好、謝謝、請、對不起、別客氣、再見、請多關照等種種禮貌性語言。

有人在招呼對方時，習慣問：「吃飽了嗎？」這樣的打招呼方式太單調，也有點不雅。在這方面，可以多用「早安」、「午安」、「晚安」、「最近好嗎」、「請代我向夫人問好」等等詞語替換。但不論打招呼的內容爲何，語氣務必要溫和親切，音量要適中，若說話尖聲尖氣，別人就難有好感。

在人際交往中，得體地使用禮貌語言和謙詞，可以給對方留下良好的印象。在這裡介紹十種在一般場合中常用的禮貌用語：

一、與好久未曾見面的人見面時說：「久違」。

二、與不相識的人初次見面時說：「久仰」。

三、有了過失求人原諒時說：「請多包涵」。

四、請人幫忙時說：「勞駕」。

五、有事要找別人商量時說：「打擾」。

六、請對方不必再送行時說：「請留步」。

七、發表自己意見時說：「有不對的地方多請指教」。

八、有事要暫時離開時說：「失陪」。

九、歸還物品時說：「奉還」。

十、當別人表示謝意時說：「別客氣」。

在談話中不應用命令性的詞語，這類詞語也非禮貌性詞語。「你應當這樣」、「我們應當」、「我們必須」這類話語，都易令聽者不愉快、不舒服。此外，在公共場合中談話時，高聲辯駁、出言不遜、惡語傷人等都是社交大忌。

還有些人總是喜歡大談自己如何如何，令人難以接受。

義大利音樂家威爾第五十歲時，曾與一個十八歲的青年作曲家談話，但這位年輕人只喋喋不休地談論自己和自己的樂曲。

當威爾第專心聽完他的談話後說：「當我十八歲時，我認為自己是個偉大的作曲家，總是談『我』；當我二十五歲時，我就說『我和莫札特』；當我四十歲時，就改說『莫札特與我』了。」

這一席話很發人深省，它告訴我們，一個人要少談自我、要有自知之明，不要目中無人。

在人與人的交往中，稱呼是必不可少的，人們對於稱呼的恰當與否也相當敏感，有時這點還會決定交際的成敗，稱呼不當就會產生情感上的障礙。

現代人的稱呼名目繁雜，但一個適宜得體的稱呼，就能產生微妙的作用。對男性的稱呼，一般多用「先生」，但對女性的稱呼，就要多加注意對方的身分了。一般稱已婚的女子爲「太太」；如果對方身分地位較高，應稱爲「夫人」；對未婚的女子則稱呼「小姐」。若是面對陌生、不熟識的女子，稱呼「小姐」會比貿然稱她爲「太太」安全得多。

稱呼除了在性別上的分別外，還要注意對方的年齡、輩分、地位。對長者可尊稱爲「奶奶」、「叔叔」等；若對方是上級，可用職務稱呼他。尊稱易使雙方感情融洽，也能表現出自己禮貌與恭敬的態度。

巧妙運用禮貌用語是社交場合中的最高智慧，它能使雙方相處得融洽，有利於彼此間友誼的發展。

恰如其分地讚美別人

要恰到好處地讚美別人不是一件容易的事，但如果稱讚得體，就能博取對方歡心，快速拉近彼此之間的距離。

要恰如其分地讚美別人是件很不容易的事，如果讚美得不恰當，反而會令對方生氣。要想讚美得恰到好處，就必須盡早發現對方引以爲豪、喜歡被人稱讚的地方，然後對此大加讚美。

因此，在尚未確定對方最引以爲豪的地方前，最好不要胡亂稱讚，以免自討沒趣。試想，一位原本就爲自己身材消瘦而苦惱的女性，聽到別人「讚美」她苗條、纖細時，又怎麼會高興呢？

那麼，究竟什麼才是一個人引以爲榮的地方呢？

首先，每個人都有自己的特長與愛好，這些特長、愛好常常就是一個人引以爲榮的地方，因爲特長是他優於別人、超越別人的地方；愛好則是一個人的興趣所在，許多人會在自己的愛好上投入大量財力、物力、精力。

因此，靈活交際的智慧就在於尊重別人的特長與愛好，再加上適當的讚美，就能贏得一個人的歡心。

對有一定特長的人，如書法、繪畫、釣魚、種花等等，不可只是口頭上的讚美，最好抱著謙虛請教的態度向對方討教一番。即使你對那方面瞭解頗深，也不妨顯得有些外行，好讓對方表現一番。

其次，每個人或多或少都有些自認爲很光榮、很光彩的往事，他們常常把這些事掛在嘴邊，老是說：「想當年……」「那時候，我曾經……」「在法國留學那一陣子……」

對於這些往事，他們常常希望得到別人的讚許。因此，瞭解對方引以爲榮的往事再加以稱讚，多半能令對方高興。

最後，每逢女性改變髮型、服飾、裝扮時，一定要加以稱讚。像是說：「今天的耳環不一樣，是在哪裡買的呢？」

聽見這種暗藏讚美的話，沒有一個女孩子會不高興的。對許多女性而言，服裝或飾物是自己最希望受人讚美的部分。

但要注意，若是對這方面不甚了解而隨便讚美，也有可能帶來反效果，例如將廉價的衣服讚爲「高貴的服飾」，可能會令對方有被諷刺的感覺。

要恰到好處地讚美別人不是一件容易的事，但如果稱讚得體，就能博取對方歡心，快速拉近彼此之間的距離。

因此，若想成爲一個成功的領導者，對「稱讚」這門學問就要好好研究，它會是開拓人際關係的最佳武器。

根據情境巧妙應答

在與上位者應答時，除了把握語氣恭敬的原則外，回答內容要因應時間、場合、談話內容做改變，不可千篇一律，才不致產生尷尬的場面。

公車上，兩名女高中生在交談：

「我昨天碰見某作家耶！」

「才怪！」

「真的，他說下次要請我到他家喝咖啡。」

「真的嗎？」

「你覺得我該不該去啊？」

「算了，我覺得那是騙人的吧！」

從這一段談話中不難發現，雖然提出話題、開啓談話的是第一位女學生，但若沒有另一位女學生適當的應和，這段交談無法如此順利。

在日常生活中的閒談是如此，在商場上的交談也是如此，適當的應和會發揮極大的作用，能使談話雙方愉快，使交談順利進行。

當然在上面的例子中，兩名女學生都沒有特意地應答，所以會用「才怪」、「眞的」等相當口語的說法。這兩個詞語或許適用於女高中生間的閒聊，但如果一個西裝革履的人，與人交談中不時說出「才怪」、「眞的」等語句，自然會被人投以異樣的眼光。

由此可知，談話中要有適當的應和，首先必須考慮自己與對方的年齡和身分。

例如，假使對方是主管或長輩，則必須考慮他的身分地位與輩分，要以較恭敬的語句來回答他。若以「嗯」、「啊」等字眼來回答，會顯得相當不禮貌，應該以簡短有力的「是」來回答較適宜。語氣恭敬是對上位者的基本禮貌。

然而，也不能只回答一個「是」字，否則對方會誤以爲自己被嘲弄，但若不斷稱讚對方「好厲害」或「眞了不起」，也會引起對方誤解，以爲你在奉承阿諛。因此，在與上位者應答時，除了把握語氣恭敬的原則外，回答內容要因應時間、場合、談話內容等做改變，不可千篇一律，才不致產生尷尬的場面。

許多人聽上司談話時，常沒有任何表情，只一味地點頭附和，這種應和方式頗値得商榷。因爲聽者的表情和動作都對應和對方談話有很大的幫助，若是毫無表情或反應，往往會帶給說話者很大的困擾。

當然，如果談話雙方彼此之間有生意上的利害關係，沒有表情可作爲一項武器，讓對方看不透自己的想法；但在一般談話中，面無表情則會妨礙談話順利進行。

在使用表情、動作應答時，與出聲音應答相同，均需審愼考慮對方的年齡、身分和地位，如此才能獲得對方的讚賞。特別注意的是，與長輩或上司交談時，不宜僅以點頭或手勢應答，仍需以言語表示態度和意見，這種方式較爲得體、禮貌。

先考慮場合再開口

無論在任何場合開口說話，一定要三思而後言。古人常說的「禍從口出」，就是因為不考慮清楚就隨意開口，為自己惹來了麻煩。

在人際交往的場合中，有些狀況會令對方相當尷尬、難堪，甚至因此惱羞成怒。會造成這種情況，多半是說者不考慮時間、地點，說出不合場合的話語，結果即便是好意，也會惹得對方不愉快。像不合時宜的安慰話語就是如此。

辦公室裡有位女同事談戀愛受挫，好不容易鼓起勇氣向對方告白卻被拒絕，心裡相當傷心難過。她的性格內向又不善言談，也就沒有向他人袒露內心的秘密。

公司裡一個與她很要好的同事見她愁眉不展，得知原因後，就當著眾人的面安

慰她說：「那個人有什麼好？憑妳的條件，一定可以找到更好的！」

可是，話還未說完，那名失戀的女同事就跑出辦公室了。這時，她才發覺在這樣的場合中，這樣的安慰話有些不妥當，可是對方已受到傷害了。

幾句安慰話倒成了彼此間尷尬的原因，由此可見，即使說安慰話也要考慮對方的性格，更要考慮時間和場合的問題。

對性格內向的人，不宜在衆人面前直接給予安慰，尤其是涉及別人的隱私時，更不宜在公開場合安慰對方，以免「走漏風聲」。總而言之，說安慰話時，還得隨不同對象而有不同的應對方式。

另外，有一些人說話時，總是直來直往，易惹人生氣、把事情搞砸，這是因爲這類人缺乏場合意識的關係。

他們對人很誠實，談論事情時往往只從個人主觀感覺出發，以爲只要有話就應該說，心裡有什麼嘴上就說什麼，不管什麼時間、地點、場合都是如此，結果常常冒犯了人，自己還不知道問題出在哪裡。

有兩個老工人平時愛開玩笑。若有幾天沒有見到彼此，一見面就會說：「你還沒死呀？」通常對方也不計較，只回說：「我等著你送花圈呢！」兩個人相對哈哈一笑了事。

後來甲工人因重病住院，乙工人去醫院探望他。結果，乙一見面就說：「你還沒有死呀？」這一次，甲工人馬上就發火了，生氣地說：「你滾出去！」

這是因爲對方正生病住院，心理壓力很大，結果乙工人又對著憂心忡忡的病人說「死」，對方怎能不反感、惱怒？就算乙工人沒有惡意，只是想逗對方開心，只可惜他缺乏場合意識，開玩笑弄錯了地方，才使得對方不愉快。

無論在任何場合中開口說話，一定要三思而後言。古人常說的「禍從口出」，就是因爲不考慮清楚就隨意開口，爲自己惹來了麻煩。尤其在商場上活動的人，每天見面的人更多，彼此間的利益關係又複雜，更要有場合意識，養成「三思後言」的好習慣。

把握要領，成功安慰人心

受到不幸和挫折的人，往往會沉溺於一時的悲痛之中無法自拔，看不到光明的前途。此時，最重要的是通過積極鼓勵，給他信心和勇氣。

在人際交往中，不合時宜的安慰話語會令對方不愉快，破壞了彼此間的情誼；相反的，適當的安慰話語能使對方感到溫暖、窩心，對你心生好感，彼此的情誼也能加深。

安慰人心需要掌握以下四大要領，才能達到良好的安慰效果：

一、要同情，不要憐憫

一個人遭遇挫折和不幸的時候，十分需要人們的同情。同情是人世間十分寶貴的感情，真誠的同情不僅能使不幸者痛苦、沮喪的消極情緒得以宣洩，而且有助於消除對方心理上的孤獨感，並增強他戰勝困難的信心。

二、要真誠地開導對方，不要擺架子教訓人

一個人苦惱憂傷的時候，非常需要別人給予他真誠的開導。所謂真誠，就是要詞真意切、情感真摯，千萬不可浮誇做作。

此外，在這種情況下，對方需要的是開導而非教訓，若是擺起架子訓話，即便說話者是好意，所說的內容也都正確、對對方有益，對方也很難聽得進去，甚至會因此惱羞成怒。

三、要積極鼓勵，不要消極埋怨

受到不幸和挫折的人，由於一時無法擺脫消極情感的束縛，往往會垂頭喪氣、消極悲觀，沉溺於一時的悲痛之中無法自拔，看不到光明的前途和幸福的未來。

此時，最重要的是設法透過積極的鼓勵，給對方信心和勇氣，讓他在困難的時

候可以看到光明的前景。

若是在安慰對方時，也跟著對方一起消極地埋怨，使人陷入更低落的情緒，就無法達到安慰的效果。

四、要選擇恰當時機給予安慰，不要事過境遷才安慰

安慰的話要在適當的時候說，若是對方遇到突發的意外事件，如生病、親人突然去世等等，要注意及時給予安慰。

事過境遷後才安慰對方，不僅失去意義，還會使對方已經平復的心靈重新勾起傷心的回憶，這是很不妥當的做法。

若是想要給予遭受失敗與挫折的人安慰，就要選擇對方最敏感、最易動情和傷感的時候來安慰與鼓勵。

這樣對方會更加感動，安慰的效果自然也就更好了。

用自我介紹拓展社交

自我介紹中採用自嘲的方式，更能於詼諧幽默的自我揶揄之中，流露出一些自信和自得之意，既能增強語言的幽默性，又不流於自誇。

自我介紹是進行社交的一把鑰匙，是拓展人際關係的第一步，唯有踏出了這一步，才有辦法進行之後的人際交往。好的自我介紹，會在他人心目中留下良好的第一印象，有利於開展之後的交談與往來。

那麼，要怎麼做才能成功地進行自我介紹呢？如果你尚未掌握要訣，可參考以下三點，它能幫你順利進行自我介紹：

一、克服羞怯

從心理層面看來，人們初次相見時，彼此都有想要瞭解對方的願望，也都有渴望得到尊重的心理。

如果在這個時候，能及時準確、簡要地做出自我介紹，使對方渴望瞭解的願望得到滿足，就是一種對他人的尊重。接著，對方也會因此向你做自我介紹，雙方相互認識後，就能順利展開之後的談話。

相反的，要是見面後羞答答、遮遮掩掩地不願「亮相」，老半天還無法自我介紹，就會使對方感到失望。特別是當對方已經猜出你是誰、來幹什麼之後，還不及時地作自我介紹，場面就更加難堪了。

二、注意繁簡

自我介紹是進行交際活動的一種手段。由於交際目的、需求不同，自我介紹的繁簡程度也應有所區別。

一般來說，以工作為目的自我介紹，宜簡單扼要，只要講明姓名、身分、目的與要求即可。以交友為目的的自我介紹就要比較詳細，不僅要講明姓名、身分、目的、要求，還要介紹自己的經歷、學歷、資歷、性格、特長、能力、興趣等等。爲了取得對方的信任，有時還得講一些具體事例佐證。

三、掌握分寸

自我介紹不僅僅是對自己基本情況的客觀陳述，也包含著對自己所做所爲的自我評價。哪怕是最簡單的自我介紹，其中也少不了自我評價的部分。自我評價既不能過高，也不能過低，關鍵在於掌握好分寸。

但是，怎樣才能掌握好分寸呢？

一般而言，應該符合以下三點。

1. 自識：要對自己做出準確的評價，就非要有自知之明不可。正確地對待別人的讚譽，也嚴格地剖析自己的短處，如此才能得出正確、符合事實的結論，做出令人信任的自我評價。

2. 自謙：在做自我評價時，應適當地留有餘地，一般不宜用「很」、「最」、

「極」、「第一」等極端的詞語。

3.自嘲：自我嘲諷、自我戲謔包含自解和自慰的意思。自我介紹中採用自嘲的方式，更能於詼諧幽默的自我揶揄之中，流露出一些自信和自得之意，既能增強語言的幽默性，又不流於自誇。

在人際交往中，將自我介紹以自我解嘲的方式表達出來，不僅可以體現出豁達大度的大心胸，也會讓人心生好感，進而對你產生認同。

著名戲曲作家魏明倫個子不高，常常被人戲稱「袖珍漢子」，但他對此從不迴避，反而常在公開場合中，以自我調侃的方式介紹自己：「我比拿破崙的個子矮，但與魯迅相當。因此反覆衡量後，自覺沒力氣玩槍，但有條件摸筆，於是就以文字維生了。」

魏明倫這種自我介紹方式，既贏得了別人的好感與尊敬，又在不經意間向人展示了自己樂觀、豁達的生活態度。由此可見，自我嘲諷的自介方式，反而會比一般的介紹方式，更能贏得人心。

打招呼是拓展人際的第一步

不論是對每天碰面的人，或對於不常交談的人，都應滿懷親切地和他們打招呼。能愉快地和任何人打招呼，就能建立起良好的人際關係。

保持沉默是無法做好交際工作、拓展人際關係的，人與人之間的交情，必須要由自己主動去創造機會才能產生。

人的一生中，不免會和各種人物接觸，雖然並不是每個人對自己都很重要，但也不能因此逃避與人交往的機會。說不定今天意外認識的人，就會成為人生路途上的大貴人，例如美國前總統林肯就有類似的例子。

那是一則林肯年輕時當執業律師所發生的故事：

在某個寒冷的日子裡，林肯走在前往辦公室的路上。他原本想乘坐馬車，但又覺得坐車太過浪費，於是只好縮著脖子繼續趕路。這時候，從他後方傳來了一陣馬蹄聲，回頭一瞧，馬車上坐著一位穿著體面的男士。

一見此景，林肯毫不猶豫地趨步向前，滿面笑容地向他打招呼：「我是律師林肯。很抱歉，能否麻煩您幫我將外套送到辦公室去呢？」

「當然沒問題，只是天氣這麼冷，你不穿外套回家嗎？」這名男士訝異地問。

林肯若無其事地回答說：「當然連同我的身體一起送上呀！」

馬車上的男士笑了，伸出手說：「請上來吧！」

兩人從此結下不解之緣，成為莫逆之交。在林肯競選總統時，此人曾廢寢忘食地鼎力相助，是林肯的得力戰友。

由這例子可知，打招呼這行爲，表面上看來雖只是芝麻綠豆般的小事，但在拓展兩人的友誼上，卻能發揮了無比強大的力量。

相信許多人都會坐飛機出差，那麼，試著和鄰座的人聊聊天如何？只要能輕鬆地打聲招呼，也許就能順利展開接下來的談話。

若是聊得投緣，不但在飛機上的時光不會寂寞、無聊，說不定下了飛機後還能繼續往來、保持聯絡，甚至成爲事業上的合作夥伴。

另外，要注意的是，在辦公室裡，打招呼很容易流於形式，必須用點心。同事間天天見面、天天打招呼，但由於彼此都不用心，因此「打招呼」這項行爲，就變得對加深彼此情誼毫無作用了。

其實，不論是對每天碰面、彼此很熟悉的人，或對於不常交談、十分陌生的人，都應滿懷親切地和他們打招呼。若能愉快地和任何人打招呼，往往就能夠建立起良好的人際關係。

10

與其單打獨鬥，不如結合盟友

單打獨鬥闖天下是過時的做法，
應當互助合作，結合成利益共同體，
才能以最小的產出換取最大的回報。

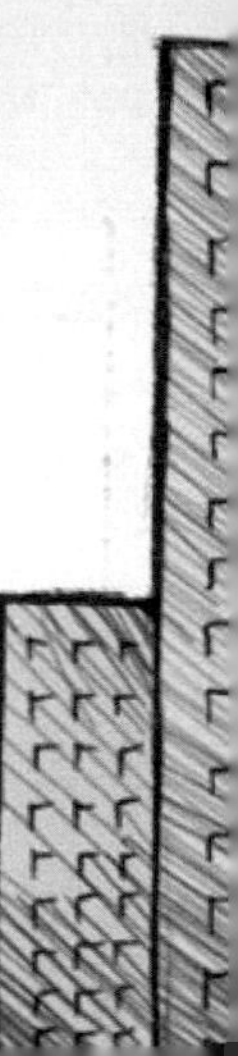

學會相處是成功的護身符

學會與其他人相處，打好人際關係，可以成為護身符，保護一個人在激烈競爭的險惡社會中平安生存，進而獲得成功。

托爾斯泰曾經說過：「人際關係是你在社會上的一種無形資本，如果你想要成功，就不得不使用它。」

的確，一個人想要成功，除了靠本身的實力和努力之外，貴人從旁適時推一把，絕對是重要關鍵。

所謂的人脈，就是關鍵時刻可以派上用場的人；所謂的貴人，就是危急時刻願意伸出手的人。如果你想比別人早日成功，就必須透過靈活的交際手腕，有計劃地填補自己的貴人。

有許多人因爲生來個性較乖僻或者不善言詞、反應遲緩，以致於無法享受友誼之樂，失去許多享受群體生活歡愉的機會，成爲一個孤獨、落落不合的人。對此，他們可能忿忿不平，可能自怨自艾，卻不知道要結交朋友並不難，實現願望並非不可能，只要自己敢於突破藩籬，走出陰影。

不管當下的遭遇或眼前環境有多麼的不順利，多麼的惡劣，你仍然可以讓自己樂觀，透過言行舉止，顯示出自己內在和藹、愉快的精神，影響周遭所有的人，使他們不由自主地靠近。

懂得經營管理人際關係的人，不僅比較受人歡迎，更容易得到別人的扶助，成功的機會自然比較大。

光有「天時」、「地利」還不夠，更重要的是掌握「人和」。

想像自己是一塊磁石，能夠將所有人吸引到身旁，這絕對不是空想，只要能在日常生活中善待他人，表現出隨時爲別人著想的態度，就很有可能會實現。

如果希望別人對自己好，就要將心比心、推己及人，先用寬容大度的態度去對待與自己互動的所有人。

應該儘量去說別人的好話，儘量去看別人的好處，不要冷嘲熱諷、事事挑剔。總是爲難別人的人，必定不可能受到支持與信任，會被貼上「不值得信任」、「最好敬而遠之」的標籤。

輕視且嫉妒他人的人，心胸必定是狹隘、不健全的，因爲看不到別人的好處，即便面對著一個衆望所歸的人，仍要設法以種種不實言辭去詆毀對方。相反的，心胸若寬大健全，就能看出他人的好處，並給予真誠讚揚，使自己與其他所有人都感到自在、快樂。

吸引朋友的最好方法，莫過於表現出自己對別人的關心與興趣。有許多人一生都不能吸引人，總是交不到朋友，就是因爲他們只顧著自己的事，只關心自己，奉行著「獨善其身」的理念，所以久而久之，便失掉了與外界的聯繫，處在社會的邊緣，只能冷眼看世界，完全無法融入。

有一個人緣極差的人，無論走到哪裡，總是不受歡迎，連他自己也搞不清楚原因，感到莫名其妙。例如，他去參加一場宴會，每個與會者見到他，必定退避三舍，當別人縱聲談笑、其樂融融的時候，他卻只能一個人在旁邊乾瞪眼，不知道該如何是好。

事出必有因，狀況究竟是怎麼產生的呢？

從外在條件來看，這個人相當不錯，長得一表人才，能力很強，在職場上也相當受到上司賞識，升遷順暢。但問題就出在態度，他總是只想到自己。

若是一個人只為自己打算，凡事斤斤計較，不肯吃虧，甚至連與其他人談話時，話題都要圍繞在自己身上，如此自私，怎麼可能會受到歡迎呢？

人際交往是「互相」的，若只有單方面付出，很難維持下去。一個只看得見自己的人必定交不到朋友，但只要稍微調整角度，對其他事情表現出興趣與關懷，氣氛與情勢就可能馬上變得不一樣。

俗話說得好，一個懂得用耳朵的人，必定比只用嘴巴的人更受歡迎，更討所有人的歡心。假使能夠常常設身處地爲他人的利益著想，必定將獲得豐厚的回報。

無論人生最大目的是什麼，都要學會與其他人相處，打好人際關係，累積人脈。這種態度將可以成爲護身符，保護一個人在激烈競爭的險惡社會中平安生存，進而獲得成功。

用尊重換取成功

要想維護他人的自尊心，首先必須先抑制自己的好勝心。越是想要出鋒頭，就越可能讓自己陷入險境，招致禍害。

威爾．羅傑斯曾經寫道：「平日多結交一些在關鍵時刻對你有幫助的人，因為，這些人很可能會成為你面臨危機時刻向你伸出援手的貴人。」

一個人想要成功，並不在於本身擁有多少能力，而是在於面臨成敗的關鍵時刻，到底有多少人願意伸出援手。

不論企業或是個人，有效地拓展社交關係，絕對是邁向成功的關鍵密碼，只要懂得花些心思靈活交際，就能順著人脈開拓出成功的道路。

單打獨鬥不適合這個社會，想要成功，很多時候必須倚仗其他人的力量。所以

必須用心經營人際關係，多交朋友。

而說起交友準則，有一句古老諺語相當貼切，就是「嚴以律己，寬以待人」。嚴以律己，就是嚴格地約束自己，儘量減少差錯；寬以待人，便是以寬厚容讓、和氣大度的態度與人相處。

宋代文人蘇東坡年輕的時候，有一個朋友名叫章惇，後來當上了宰相，執掌大權。但是，章惇絲毫不念舊情，把持政局時，不僅先把蘇東坡發配嶺南，之後甚至貶至海南島。

後來，蘇東坡遇赦北歸，章惇則因為政爭失利而垮台，被放逐到嶺南的雷州半島。蘇東坡聽到這個消息，立刻寫了一封信給章惇，說道雷州地雖偏遠，好在沒有瘴氣，因此無須太難過，倒不妨多想想將來。

可想而知，蘇東坡如此大度的表現，自然令章惇羞愧不已。蘇東坡的胸懷遠比一般人寬廣，所以對於一個幾乎曾將自己置於死地的人，還願意盡朋友之責。

人們常常說「無毒不丈夫」，但其實以「無度不丈夫」來形容會更好。

另外還有一點要注意的，就是與人相處時，不要傷害他人的自尊。

金錢損失雖然令人不快，卻還是可以設法再賺回來，可萬一自尊受到傷害，問題就嚴重了，甚至無法再彌補。也許最初並無惡意，但往往只由於一句話或一個不經意的舉動傷害到別人，不知不覺為自己樹立一個敵人。

中山國是戰國時代的小國，有一回，國君設宴款待國內名士，卻沒有準備足夠的羹湯，無法讓全場的人都喝到。司馬子期因為沒喝到羹湯懷恨在心，便為此投奔楚國，用計勸楚王攻打中山國。

楚國相當強大，中山國自然不是對手，輕而易舉就被攻破。

國君狼狽地奔逃，卻驚訝地發現有兩名武士拿著武器一路保護他，他問這兩個人為何前來，他們答道：「我們的父親曾因您賜他食物而免於餓死，因此去世前特地叮囑，要竭盡全力來報答您。」

中山君聽罷，感歎說：「賜與不在多少，而在他人是否需要；結怨不在深淺，在於是否傷了別人的心。我因一杯羹而亡國，卻又因一份食物得到兩位勇士。」

這則典故，清楚點出了自尊的重要。

現在的人，越來越強調個性，好勝心極強，常常非要把事情做「絕」，表現出自己的正確或勝利才罷手。如此，或許滿足了虛榮，卻免不了傷及感情。

其實，在一些小事小節上，你大可讓朋友「贏」一把，維護友人的自尊，順便為自己博得更多好感。

要想維護他人的自尊心，首先必須先抑制自己的好勝心。越是想要出鋒頭，就越可能讓自己陷入險境，招致禍害。

有一個人相當擅長下棋，因此打算找朋友對弈以聯絡感情。棋局開始，他一上手就是一輪猛攻，讓朋友瞻前顧不了後，十分狼狽且緊張。

他還不以為滿足，故意露出破綻，引朋友進攻，他再緊接著使出殺手，還得意地大笑，直說對方太容易被騙。

此後，他每回再與這個朋友連絡，對方總擺出愛理不理的模樣，更不肯與他下棋，他卻始終不明白原因。

想想，這個人究竟做錯了什麼？

本來應該是一場輕鬆、愉快的友誼賽，卻搞得緊張不堪，贏了棋卻失去了友誼，實在划不來。由此可見，要交朋友，就要寬心待人，並抑制自己的好勝心。

沒有尊重就沒有友誼，好像沒有基石便不可能築起大廈。

那麼，尊重該從何開始？經驗證明，只有在自尊自愛的基礎上才能誕生。以自尊自愛爲基礎，自然也就懂得尊重自己以外的其他人，尤其在出現無可避免的意見分歧時。友情的眞正可貴之處，在於既能夠尊重對方，取得共識，也不傷害各自的獨創性。

審慎選擇朋友，受用無窮

真正的朋友就該像從數萬首唐詩中精選出來的「三百首」，讓人百看不厭，每讀一次就又有一些新的收穫。

活在競爭劇烈的社會，一定要有經營人際關係的概念，細心尋找自己的貴人，透過靈活的交際手腕，用心經營有效的助力。

結交朋友，可以不拘一格，甚至彈性地做一些不同區分，但不可否認的，「朋友」畢竟象徵了一種特定的關係，具有一定的內涵和意義，因此不可能隨便就把一個陌生人稱之爲朋友。

說到交友，應該遵循以下四大準則：

• 不僅僅是「人以群分」

常言道「物以類聚，人以群分」，確實，根據心理學家的研究，「物以類聚」確實是人之本性。

也就是說，交情很好的朋友可能有某種興趣、愛好相同，或性格、氣質相投，又或者懷著相似志向，相近的待人接物態度。總之，必然具備某種共同點，才容易成為朋友。

和那些有相似之處的人成為朋友的可能性雖然高，但為了開闊視野、挖掘對新事物的興趣，與和自己氣質、經歷、趣味都恰恰相反的人交朋友也不是壞事，更能加深自己對某些事物的認識。

不受「物以類聚，人以群分」的限制，可以大大擴展選擇朋友的範圍，對自己絕對有利。

• 在互動中累積情誼

有的人因為朋友少，沒有人可溝通交流而感到孤獨，或者感到自卑，深怕被誤解為難以接近的人。也有一些人，把朋友當成一種多多益善、可供炫耀的「資本」。

出於上述目的，總有人殫精竭慮地設法結交「朋友」，但這種做法實際上是對友誼的褻瀆。正確的交友觀，應當是在交往互動中，一點一滴建立起關係。只有透過不斷的交往，才能讓彼此深入瞭解，取得互相信任，透過逐漸地相識相知，隨時間推移，自然水到渠成。

宋代文人蘇軾在《亡妻王氏墓誌銘》中曾寫道：「其與人銳，其去人必速。」意思是說，與人相交，一開始就十分殷勤的人，與人疏遠的速度必定也極快。

這句話相當有道理，值得我們謹記在心。

‧朋友在「精」不在「多」

每個人的一生中，遇上可能成為朋友的人選其實很多，其中有些確實會成為朋友，有些則失之交臂；有的是「貨眞價實」，有的則不過「濫竽充數」。出現這種局面的主要原因，正是在交友過程中忽略了「精選」這一個環節，不是被動地接受，來者不拒，多多益善，就是主動出擊，不分良莠一概搜羅。但事實上這兩種態度都不正確，背離了交友的真正意義。

交友的策略之一，就是要懂得「精選」，選擇那些真誠寬厚、知識博淵的人，以求在各自的事業上互相幫助，共同精進提高。同時，「篩」掉那些懷著某種功利目的，只想求取權勢或利益的人。

交友在「精」不在「多」，真正的朋友就該像從數萬首唐詩中精選出來的「三百首」，讓人百看不厭，每讀一次就又有一些新的收穫。

•及時「催化」或「降溫」

在與人交往過程中，常常會遇到這種情況：對有些人雖然是第一次見面，卻一見如故，大有相見恨晚之感；對某些朋友，雖然交往時日不短，卻慢慢發現此人不宜過於深交，逐漸想要疏遠。

該如何處理這種局面呢？

這時候，就必須運用「催化」或「降溫」辦法，以改變雙邊關係。

「催化」以及「降溫」，都是在交友過程中經常運用的策略。

對相見恨晚之人，不妨主動與之接近，尋找各種機會聊天，一起活動，加深對彼此的瞭解、信任，增進友誼。

相反的，一旦發現原來的朋友可能是勢利小人，或斤斤計較之輩，甚至與自己結交只是出於某種功利目的，可是直接斷交又不太妥當，就該選擇逐步「降溫」，一點一點不著痕跡地疏遠。

建立正確習慣，交友無負擔

真要建立圓滿、有意義、有益處的人際關係，就不能只專注在自己的利益上，更不能讓對方覺得你是個見利忘義的人。

交到好朋友，一生受用無窮，若是交友不慎，則遺害深遠。切記秉持守則，對自己的交友狀況嚴格審核、把關。

前面提到，選擇朋友有四個原則，更進一步來說，在和朋友交往的態度上，則應該秉持五條準則。

• 沒有負擔地交往

「我是一個窮學生，所以多半都讓別人請我吃飯。」

「我都住在朋友家，因為離學校比較近，反正他的房子空間很大。」

一旦說這樣的話成為習慣，不假任何思索，就要當心了，因為那代表著逐漸成為對方的負擔，自身卻渾然無所覺，是一件相當糟糕的事情。

朋友之間的交往應該根基於平等互利原則，如果不留心超越了這條界線，就該自覺並向對方致歉。要記住，什麼事情都是互相的，單方面掠奪或者付出，關係必定不能健全、長久。

• 不能過於依賴朋友

生活上、工作上、感情上遭遇煩惱的時候，你會先找誰談談心裡話呢？相信對很多人來說，比起父母、兄弟，會更期望找自己的親密朋友傾訴。

確實，朋友往往可以真正理解自己的痛苦，並給予建議和安慰，但別忘了他們也是人，也有煩惱與負擔，甚至是經濟上的困難。當自己苦惱的時候，向朋友說說心裡話，聽聽對方的意見，確實是件好事，但最後得出結論並執行的一定是自己。不要讓朋友肩負過多的負擔，如果抱持著「因為是朋友，應該給我幫助」的觀念，那就實在過分了。

• 不要有金錢的借貸關係

作爲朋友，當對方遇上困難，幫他一把是理所當然，但若和金錢有所牽扯，最好別衝動下決定，好好考慮爲妙。

爲什麼呢？原因很簡單，金錢是一種很「危險」的東西，容易蒙蔽人的理智，使態度行爲改變。

社會上不乏因爲金錢糾紛導致好朋友反目成仇的例子，相信你一定曾經聽過，甚至耳熟能詳，不感陌生。如果想要穩固經營與朋友的關係，就最好不要有任何金錢往來，以免最後產生始料未及的糾紛。

若眞的無法避免金錢上的借貸，則一定要清楚寫下字據，記錄金額與歸還時間，訴諸白紙黑字並切實履行。

• 優先考慮朋友的立場

如果一夥人正在一起談論一件大家都很關心的事，卻突然有人插話，自顧自地講起個人私事，如此非但無法引起關心，必定還將招致反感。

例如，有一群平日感情甚篤的好朋友，時常相約聚餐，大家都在圖書出版領域工作，其中包括有出版社的美術編輯、文字編輯，負責批發書籍的經銷人員，還有專職寫稿的作者。

一回，正當大家天南地北聊得開心的時候，那在經銷公司工作的人突然說：「可不可以換個話題？談談大家接下來的出版計劃吧！」

當時的氣氛實在不適合提出這樣的請求，現場馬上安靜下來，所有人都陷入尷尬的沉默，原先在說話的人全都閉上嘴，傾聽的人也一臉不知所措。

好端端的一場聚會，就在令人難過的氣氛之下匆匆結束。

人際關係需要靠互諒來維護，若是只執著自己的立場，必定會破壞彼此的交往。與朋友交往的時候，應該多替他人著想，配合氣氛及場合調整自己的應對，才不至於掃了大家的興致。

交朋友是一件有益的事，但若眞要建立圓滿、有意義、有益處的人際關係，就不能只專注在自己的利益上，更不能讓對方覺得你是個見利忘義的人。

・少敲朋友的竹槓

有一個人，只要碰上朋友相約聚會，一定搶先帶領大家到處吃吃喝喝，但卻從來沒有付過一毛錢。

朋友們都以爲他必定是收入不固定，手頭不方便，因此總睜一隻眼、閉一隻眼，不予計較。直到有一回，大家無意之間提起了收入的話題，很意外地發現他雖然收入不固定，但仍比一般上班族要寬裕許多。

當場，所有人都目瞪口呆地說不出話來，雖然沒有表示什麼，也沒有要求討回付出的錢，但心下全都暗嘆自己識人不清。

偶爾讓朋友請客本來不是什麼大不了的事，但至少應該做到禮尙往來，不要把別人的好意看成理所當然，不要使敲竹槓變成習慣。

適度坦白讓你更討人喜愛

坦白說出自己的負面情緒或私事，可以讓聆聽者感覺被信賴，自然也會同樣的信賴你。

大學剛開學，一群久未見面的年輕人聚集在教室裡聊天，其中一個女學生對鄰坐的朋友說：「我跟男朋友分手了。」

她的朋友一聽，瞪大了眼睛問：「爲什麼呢？有什麼問題嗎？」

這個女生搖搖頭回答道：「他不夠坦白。」

看到這裡，是否會有所疑惑？難道單單「不夠坦白」四個簡單的字，就足以成爲感情的殺手？

是的，答案是肯定的，千萬別輕忽了「坦白」兩個字的重要性，無論面對的是友情、愛情，或者其他的人際互動關係。

不坦白，就表示不夠眞誠，別人只覺得霧裡看花，看不清眞實的狀況，不了解你的個性和想法，自然不敢輕易託付感情。不僅戀愛中的男女如此，一般人交朋友，也總是希望可以「交心」。

然而，換個角度來看，又會產生不同的問題。坦白眞的是好事嗎？將一切都一五一十說分明，會不會反而遭到有心人利用，傷害自己呢？

必須謹記一個道理：任何事情都有正反面，端看自己如何解釋、如何運用，以及如何保護自己。

很多人在交朋友的時候，願意「坦白」自己的私事，是爲了使雙方的感情獲得平衡，進一步鞏固彼此的關係。

這樣的例子可說屢見不鮮，無論在學校或職場。兩個同班同學，原本交情不是很深，某天，其中一人忽然對另一人說出自己家中遭遇的不幸，彼此因爲有了共同

的秘密，很快成了親密好友。

一位平日相當難以親近的主管，忽然有一天向某位同事傾訴心中的不愉快，使得原來對他敬而遠之的同事從此一改態度，表現得親切貼心，和他成爲朋友。

坦白說出自己的負面情緒或私事，可以更容易找到感情的平衡，讓聆聽者感覺被信賴，自然也會同樣信賴你。

當然，這種坦白並不是百無禁忌，請一定要先確定對方是個可靠誠懇的人，否則一番告白非但收不到效果，甚至可能不用一天時間就傳遍天下。

人與人的想法、價値觀難免不同，容易造成彼此之間的差異和距離。這種時候，如果能將自己的資訊灌輸到對方的腦中，使得雙方的認知達到平衡狀態，那麼溝通就會變得容易，讓感情自然而然產生互動交流。

選對最省力的切入點

趨炎附勢總不是一件好事，一味地向當權當紅的人靠攏，只會大大地傷害自我人格，壓抑良知。

在社會上打滾，總難免會遇上許多勢利的人。

如果今天你是某公司的主管，前途一片大好，必定有一群趨炎附勢者圍在身邊。明天，若是遭到什麼變故丟了工作，走在街上碰見過往跟在前跟的人，他們必定看都不看你，因爲你已經不具備可利用價值。或許你會對此感到生氣，但卻無濟於事，因爲現實世界便是如此。

一般人求神問卜總是要到香火最鼎盛的廟宇去，原本冷清的寺廟就更加無人問

津,無論所供奉的神靈是否也神通廣大。想想,這不也是一種相當有趣的現象,和以上的例子有異曲同工之妙。

趨炎附勢總不是一件好事,一味地向當權當紅的人靠攏,只會大大地傷害自我人格。與其擠在大群信眾中盲目地向神明進供,倒不如考慮關注一下那些不被重視的冷廟,說不定可以得到更多庇佑。

冷廟的神靈平時備受冷落,這時候適時進供的一炷香必定會讓祂們心存感激,大顯神通保佑你。或許,有那麼一天,冷廟變成了「熱廟」,神明們心中必定還是不會輕易忘了你。

成功的方式有很多,條條大路通羅馬,雖然難易、風景、距離各有不同,卻都是可以被信賴的方式。

所以,想要當一個成功的人,不想只是在社會載浮載沉,就應該培養智慧,自己拿出更靈活的頭腦與眼光,在經營自己的人際關係時,從與眾不同的角度下手,成功自然手到擒來。

有心，忘年也可以有好交情

水若是太清，連一點雜質微生物都沒有，魚也就不來了；人若是太挑剔，過分苛求，別人也就不敢接近了。

交朋友，追求的是志同道合，如果彼此之間毫無共同語言，也不存在著共同目標，那根本不可能產生共鳴，自然也成不了好朋友，所謂「道不同，不相為謀」，說的正是這個道理。

任何生命，都有屬於自己的獨特特徵，身為萬物之靈的人當然也不例外。若能在某些獨特的地方呼應，產生同樣的情感與意向，就可能成為知己，而不論原本的身分或條件相差有多麼遠。

東漢末年的一對好朋友孔融和禰衡，年齡相差三十歲，世稱「忘年之交」；三國時東吳的少年都督周瑜，和老將程普、黃蓋之間也有很深厚交情。

性格不同，照樣可以成為好朋友。就以中國古代名人為例，宋江和李逵、劉備和張飛這樣的組合不勝枚舉。

這種朋友組合中，一個談吐文雅、彬彬有禮，一個舉止粗野、形跡不拘；一個胸有城府、老成持重，一個頭腦簡單、莽撞豪爽；一個滿腹經綸、知書識禮，一個赳赳武夫、胸無點墨。然而，他們卻都是金蘭相結、生死相交、情同手足、患難與共的好朋友。

德國近代有兩位知名的詩人，歌德和席勒，多年相處在一起，興趣相同，朝夕伴讀，互相切磋，互相影響，留下許多共同合作寫成的詩句。

年齡、閱歷和經驗都屬於文化、修養、智慧的累積，同時也是一種蘊含了人生哲理的「活學問」，而忘年之交的益處，就在於年少者可以請教於年長者，豐富自己的知識，開闊自己的眼界。

換個角度來說，年長者也需要和年輕人相處、交流，幫助自己不和社會時代脫節，吸取更多的新觀念。

中國有句古話說得相當好：「水至清則無魚，人至察則無徒。」意思是說，水若是太清，連一點雜質微生物都沒有，魚也就不來了；人若是太挑剔，過分苛求，別人也就不敢接近了。

西方同樣有句諺語：「誰要求沒有缺點的朋友，誰就沒有朋友。」交一個朋友就等同讀一本書，所以若能交到一個人品、德才、學識都更優於自己的朋友，有說不清的好處。

交友全在一心，年齡上的差異，或者身分、經濟條件上的差異，都不能構成阻止人與人之間交往的條件。

與其單打獨鬥，不如結合盟友

單打獨鬥闖天下是過時的做法，應當互助合作，結合成利益共同體，才能以最小的產出換取最大的回報。

美國成功學大師戴爾·卡耐基經過長期的研究得出結論：「一個人的成功，十五%歸功於他個人的能力，八十五%則要歸功於他的人際關係。」確實如此，良好的人際關係，通常是幫助我們排除萬難，順利邁向成功的最重要助力。

掩飾自己的眞正想法，只保持表面的一團和氣，這樣的合作關係對雙方來說都是有害無益。在一定共識下維護共同的利益，才能相互信賴、長久發展。

單打獨鬥的時代已經過去了，現在的商業競爭傾向於團體合作，建立利益共同體。但關係對象的選擇必須審慎，並不是說只要找到合適的合作夥伴就可以，過程之中，還有許多問題應當注意。

首先，既然成了合作夥伴，彼此之間就要平等的合作關係，以及民主協商的管理方式，不論自身在共同體系中所佔位置有多重要，都不能以老大自居，以免破壞感情，進而會影響整體合作關係的維繫和利益。

結盟企業之間若有任何建議或意見，都應該在民主平等的情況下進行積極交流，透過積極鼓舞，使所有成員各盡其力。

當然，民主之外，還是必須有一個核心領導者，否則必定造成群龍無首的局面，使共同體失去應有的凝聚力，分崩離析，名存實亡。

其次，既然身處利益共同體中，自然應秉持「有福同享，有難同當」精神，切不可過分自私，爲一己之利而置群體利益於不顧。

一九九〇年代初期，中國大陸東北的免洗筷工廠幾乎佔領了絕大部分的日本市場，但價錢卻始終被日方壓得很低。為了保護自己，爭取應得利益，所有工廠決定聯合起來與日本談判。

這本是件好事，成功可能性也相當大。眼看著日方就要接受條件，卻沒料到局面忽然產生大逆轉——有一家工廠竟為了一己之利，私下與日本方面交涉，願意把價格降得更低。結果是可以想見的，談判草草收場，價格再度遭到打壓，甚至造成好幾家工廠就此倒閉。

不可否認，在商場上「有福同享」容易，「有難同當」較難。但既然決定以團隊方式作戰，就一定要肩負起責任，彼此分享利益，共同抵禦風險。

那麼，要如何凝聚向心力呢？

這並不是一件容易的事情，一方面要倚靠領導者的協調能力，另一方面則看所有人是否懷抱同樣強烈的信念與堅持。

單打獨鬥闖天下是過時的做法，想要適應這個瞬息萬變的社會，應當互助合作，結合成利益共同體，才能以最小的產出換取最大的回報。

如何看懂別人的行為語言？

人是世界上最複雜的動物，要想從外表的言行對一個人獲得真正的瞭解，是一門艱深的學問。

英國有句諺語說：「最乾淨的手套，往往掩藏著一雙最骯髒的手。」

這句話提醒我們，不能單單靠著表面現象就去評斷事物，更不能據此去論斷一個人的性情和性格。

要瞭解一個人的脾氣和性格，應該從研究別人的情緒反應著手。

要測知別人的反應，必須懂得一個察看反應情緒的臉部變化和身體動作——即爲行爲語言。

注意他的一切姿勢，他的語調的改變，以及他的音調聲色的改變！注意他四肢的動作，他眼睛的神色，同時注意他的一切表情！

如果你把握住了這些線索，還是看不出對方的全部個性。那麼，還需進一步做些什麼觀察呢？

你要猜度對方的心理，是什麼東西讓他覺得可怕，什麼東西使他憤怒，什麼環境使他覺得很愉快。

其次，是什麼事情會引起他的自得，什麼東西才能吸引他的全部注意力。

只要把上面這些問題試著記熟，照著去觀察對方，必然可以發現和認識得更多。

假如找不到一個實驗的環境，你不妨自己創造一個新的環境，或是提幾個與實驗相關的問題。

例如你讚賞他幾句，挑撥他幾句，譏笑他幾句，故意斥責他幾聲，然後觀察他的動作和面部表情如何，他情緒的泉源潛伏在何處。

隨時注意他反應出來的表情和語句，其中含有什麼樣的意向。這樣，你對他自然會有更深刻的認識。

科學的看相，自然是識人察人應當學會的重要本領，尤其在選擇人才的時候，切不可輕視這門學問。身爲一個領導者，你對人認識得越清，就越能保證選到公司所需要的眞正的人才。

當然，人是世界上最複雜的動物，要想從外表的言行對一個人獲得眞正的瞭解，是一門艱深的學問，需要在實踐的具體操作中反覆的實驗、學習、總結。

說話講謀略，做事講策略

比徹說：「言談粗暴，那是一種不必要的招怨之道，聰明的人在言談之間，要時時帶著和氣。」

掌握對方性格就可以掌握一切

對內向型的人所具有的特徵有了較深入的理解，那麼你應付起這類型的人來，一定省力得多。

深諳權謀的人通常會在最適當的時機，向準備籠絡的人伸出援手，讓他們在感恩圖報的心理驅使下，心甘情願地替自己做牛做馬。

想驅使對方為自己賣命，前提是必須對他有足夠的瞭解。

要瞭解一個人，單知道一般人的共同心理是不夠的，還應瞭解他的性格傾向。

心理學家按人的心理傾向，把人分為內向型和外向型兩大類。

內向型的人常常是沉默寡言的人，喜歡冷靜地思考問題，如哲學家、思想家之流便屬於此類。

外向型的人生性好動，不太注意反省，愛轟轟烈烈地幹，決斷乾脆的經理和推銷員屬於此類。

內向型的人的特徵是什麼？怎樣判斷一個人是不是內向型呢？主要取決於兩個條件，首先他話語不多，說話正經，對人從不敷衍，雖然得罪他人，卻在所不計，容易陷入困境。

他想的東西比嘴裡說出來的流利，不輕易交友，對於自己的聲譽看得比生命還重要，但往往意志不堅，時常一個人惶惶無主。

其次，他對自己的決定沒有堅強的信心，總會不時改變。他對細小的環節比較關注，在大庭廣眾之中總會顯得侷促和不安。他的憂慮和煩惱可能隨時而來；他的興趣偏重於理智，總喜歡從現實逃往虛幻。但他可能是一個傑出的人，當他單獨做事時一定會很有成績。

此外，他的內向還表現在他的謹慎上，做任何事都有自己的理由，不喜歡受人指揮也不聽吩咐；他希望一切都不要超出常規，但別人的欣賞會讓他十分感動。

他喜歡自己了斷自己的一切，他習慣於預測和猜度，他的思想經常走入一個又

一個的極端，他絲毫不能忍受失敗的打擊。

對內向型的人所具有的特徵有了較深入的理解，那麼你應付起這類型的人來，一定省力得多。

費德德魯斯說：「只會不斷給別人忠告，自己卻從不加以警惕的人，是世上最愚蠢的人。」

亂拍馬屁，小心被踢

拍馬屁要有些技巧，沒有三兩下子可不能亂拍。
拍錯了地方，不但話收不回來，
人也會被馬踢得連翻幾個觔斗，可就出醜啦！

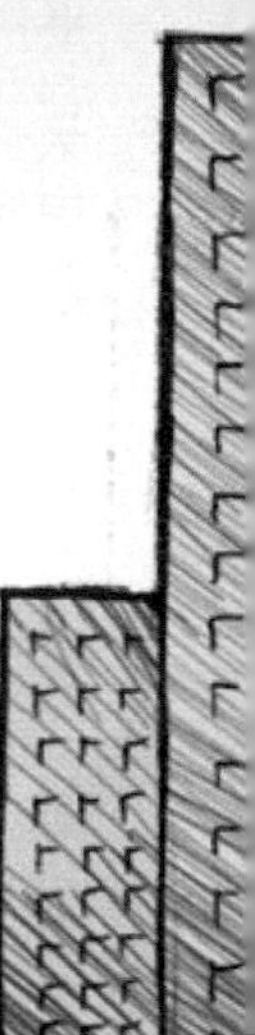

「有效拒絕」是保護自己的一大秘訣

透過迴避主要問題，將話題引向細枝末節，這種方式無疑比較高明，既保護了自己，也替對方留了下台階。

保護自己的秘訣，就是學會適時的「拒絕」。

有一位婦女，向來個性溫厚、為人善良，只要朋友開口，即便是無理的要求，也幾乎都會答應下來，因為她總是不好意思拒絕別人。

但這樣下去畢竟不是辦法，果然不久之後，就發生了問題。

有一天，一名認識已久的朋友開口向這名婦女借錢，她照例不好意思加以拒絕，於是勉為其難地答應下來。

不過，由於是一筆可觀的數目，丈夫相當惱火，說什麼都不同意。

這麼一來，這位主婦自然無法拿到錢，只得食言毀約。

可想而知，對方本以為一切都沒有問題，萬萬沒料到還有變數，因此發了脾氣，從此態度一百八十度大轉變，四處說她的壞話。兩人本是多年好友，就因為這樣決裂，從此成為不相往來的仇家。

想想，這樣的事情若是發生在自己身上，該有多麼的令人不愉快。

因此，當碰上別人開口向你借錢，能力可及自然無話可說，如果辦不到，就一定要婉轉且明確地拒絕。

你可以這樣說：「如果可能的話，我當然願意傾力相助，但碰巧手頭不方便，眞是一點辦法也沒有。實在很抱歉，希望你能夠原諒我。」

或者換個方式，也可以如此說：「如果數目少一些，我當然樂意借給你，但你的要求實在已經超過我的能力，愛莫能助，請你原諒。」

諸如此類的說法，不僅得體，而且也表現出了自己對朋友的體恤與關懷之情，不至於傷到對方的自尊。

另外，遇到友人開口借錢，以幽默態度回絕也是一種很好的方法，可以有效緩和尷尬的場面。

湯姆友善地向漢斯打招呼：「你怎麼了呢？好像很沒精神呀！」

「是呀！最近為了還債，到處籌錢，搞得身心疲憊，晚上煩惱到睡不著覺！你能不能幫忙解決呢？」

「當然好啊！我家有安眠藥，效果很好的，明天就可以帶來給你。」

透過迴避主要問題，將話題引向細枝末節，表達出堅定的拒絕之意。這種方式無疑比較高明，既保護了自己，也替對方留了下台階。

透視他人舉止，以利人際相處

在交談過程中，如果對方動不動就翻看自己的記事本，表明他在暗示你，希望你儘快簡單明瞭地說明來意。

與人交流往來時，一定要嚴格要求自己的舉止，避免出現以下行為。

1. 做人太虛偽

與為人虛偽的人交往，常會讓人擔心受騙上當，沒有安全感，讓人難以相信他。這種人只關心自己，不關心他人，把個人利益看得至高無上，凡事斤斤計較、患得患失、損人利己，為了個人的蠅頭小利可以放棄他人、集體的巨大利益。私心太重的人必然缺乏吸引力。

2. 挫傷別人自尊

常常挫傷別人的自尊心的人，不會有和諧的人際關係，因為破壞了他人社會心理需求的滿足，自然讓人討厭他。

3. 報復心強

與報復心強的人交往，使人產生壓力，常常擔心稍有不慎就會遭到報復，心理上很緊張，因此自然疏遠他。

4. 嫉妒心強

妒嫉別人，企圖剝奪別人已經得到的物質和精神的需要，這種心理一旦表現出來，就會引起別人的反感。

5. 猜疑心重

人們往往感到與猜疑心重的人難以眞誠坦率地交往。這種人心眼小，敏感多疑，難以讓人親近。

6.苛求別人

喜歡吹毛求疵、苛求於人、使人不快的人，常常令人自尊心受挫。解除不快的辦法，就是遠離這種人。

7.驕傲自大

恃才自傲、目中無人、習慣自吹自擂的人，當然使人心生嫌惡，不願意接近，將會嚴重地影響人際之間的交流。

另外，對方的某些舉動，往往暗示著與你交流時的心情。因此，也必須注意對方的行爲表現，作爲自己下一步行動的參考。

1.談話的中途不斷插嘴

一般情況下，說服別人總是一鼓作氣地進行方能有效。

假如在你正說得起勁時，對方不斷地插話，打斷你的話頭，會破壞語言表達的效果，同時也說明對方情緒有些煩躁，此時你該考慮停止說話，或轉移話題。

2.故意裝糊塗

人們在交談時，爲了瞭解對方是否眞心聽清楚了，總會在談話告一段落時，問上一句：「怎麼樣？我這樣說你聽懂了嗎？」

如果你覺得自己說得非常明白，連小孩子都能懂的話，對方卻故意裝作聽不明白：「我還是不懂，你到底想說明什麼啊？」這種故作驚訝和不明白，給人的感覺是他對你談的問題漫不經心、缺乏興趣。

是否該再重複一遍，就看你的耐心程度和是否希望繼續與他交往下去，如果都不是，最好結束談話，越快越好。

3.左顧右盼

交談時，不停地左顧右盼，來回移動自己的視線，或者用手摸摸辦公桌上的東西，露出一臉神經質的樣子，說明聽話人已經很不耐煩，希望你能及早結束談話。

4.不斷地看錶

當你正談得津津有味時，對方卻不時地把目光停留在自己或者你的手錶上，或者不停地看壁上的鐘，這種神情表明對方已感到時間難捱，如果他再說上一句：「這樣吧，讓我回去再重新考慮一下。」顯然他要送客了。

5.時常翻動自己的記事本

在交談過程中，如果對方動不動就翻看自己的記事本，表明他在暗示你，他下一個行程已經安排了，希望你儘快簡單明瞭地說明來意。

這時，你最好縮短你的談話。

6.經常離開座位

倘若你和對方談話時，他經常找藉口離開座位，這表示他並不重視你的存在，或者不喜歡你的談話，此時你可以根據自己的情況適時打住。

7. 故意自言自語

在兩個人談話當中，如果有一方「顧左右而言他」，有一句沒一句地自言自語，那麼，另一方就可明白他對這個話題毫無興趣，漠不關心。

此時，說話的一方應該起身告辭。

用祝願式言語增進情誼

雖然祝願式的言語不一定有邏輯性，但只要話語中包含誠心的祝福，對方自然樂於接受，也就有益於促進彼此間的關係了。

好聽的話語人人愛聽，在人際交往的過程中，多說點好聽話能減少彼此之間的摩擦，加強彼此的情誼。所謂的「好聽話」不單是指稱讚對方的話語，同時還包含帶有祝願意味的話語。

祝願式言語主要強調美好的意願與真摯誠懇的感情，是用友好的心情去祝福對方的未來發展狀況順利、一切心想事成。這類話語不一定合情合理，但由於話中帶有善意，所以聽者多半會欣然接受。

在某間飯店的公關部售票台前，有位客人匆匆來到櫃檯前要訂車票。

「早安！」辦事員很有禮貌地站起來招呼。

「我要三張後天去紐約的九十一號列車車票。」這位客人不耐煩地說。

見客人情緒不佳，辦事員立即將訂票單取出，幫客人登記。當寫到車次時，他習慣性地問：「先生，萬一這趟車訂不到，三一一或三〇五號列車可以嗎？它們的發車時間是……」

但沒等對方說完，客人就連說：「不行！不行！我就要搭九十一號列車。」

辦事員又強調：「萬一……」

沒想到這番好心反而把客人惹火了。「什麼萬一？你們是為客人服務的，怎能這麼說？」客人有些惱怒。

這時，這名辦事員立即意識到自己說話的方法不妥，差一點把客人趕跑了。他根據對方回應的訊息，立即調整話語，轉換語氣說：「我們一定盡最大努力，設法為您買到票。」客人這才滿意地離去。

第二天客人來取票時，根據前一天打交道的情況，辦事員一改過去公事公辦的態度，笑瞇瞇地對他說：「先生，您的運氣真好，明天九十一號列車的車票恰好只剩三張票，我已經幫您買下來的。先生您的運氣這麼好，肯定是要發財了。」

客人一聽此言，立即眉開眼笑，還到販賣部買了一大包零食請辦事員吃，而且從此以後，他成了這家飯店的忠實顧客。

上面例子中的辦事員，從買到車票的幸運「推測」出「發財」一說，這兩者之間沒有必然性可言，但重點在於它是一句人人都愛聽的好話，讓人聽了就開心。

祝願式言語帶有濃厚的情感色彩，需要內含眞實的情感，並給予對方最爲貼切的讚美。雖然祝願式的言語不一定有邏輯性，但只要話語中包含誠心的祝福，對方自然樂於接受，也就有益於促進彼此間的關係了。

用科學方式解決一切情事

每個人都必須用科學方法思索一切事件，如此一來，將會免除一切爭執，使對方像你一樣公正、開朗和心胸寬廣。

希歐多爾．羅斯福入主白宮主持美國政務的時候，他承認他只有七十五％的事情是辦對的，不過已經達到他所希望的最高點了。

假如這是二十世紀傑出的人物所希望達到的最高百分比，那你和我又怎樣？

假如你能保證達到五十五％的成功率，就可以進入華爾街，每天賺取百萬的利潤，坐私人遊艇，過豪華的生活了。

但是，相對的，假如你自己都不能保證可以達到五十五％的成功率，又怎麼能責怪別人的錯誤呢？

你當然能夠批評一個人的錯處，但是否也能間接逼使對方同意你的觀點？這麼做，等於打擊了他的智慧、打擊了他的判斷、打擊了他的勇氣、也打擊了他的自尊心，難免要遭到他的反擊。此時，即使你用柏拉圖或康德的哲學或邏輯學去說服他，也很難扭轉他對你的反抗，因爲你已經對他造成傷害。

因此，與人交談時，永遠不要這麼說：「我證明給你看！」這種強勢作風等於是說：「我比你高明，在我舉的一兩個事例面前，你會改變你的主張。」這是一種挑戰、尋釁的行爲，只會激起對方的反對，使對方甚至在你還沒有把話說完時就與你發生爭執。

即使在和諧的環境裡，要改變一個人的心意，也是相當困難的。

爲什麼困難？爲什麼使你感到棘手？

因爲，人都有逆反心理。在你要證實某件事之前，別讓人知道你的意圖，先悄悄地、精細地去做，不必四處嚷嚷。

就像吉思特菲爾德對他的兒子所說的：「人們總是要受到教訓的，但不必你代勞，未經提到的事，也等於遺忘。」

假如你想比別人做得聰明些，大可不必宣揚出去。

「讓事實來檢驗一切」，科學家就是這麼做的。

著名的探險家和科學家史蒂芬遜，在北極圈探險了十一年，有六年的時間除了吃水和肉之外，什麼也沒有。有人問他如何去證實這些實驗，他說：「科學家永不試圖實證某事，卻要試圖找出事實。」

每個人都必須用科學方法思索一切事件，這麼做，除了自己以外，不會受到任何人的干擾。如此一來，將會免除一切爭執，使對方像你一樣公正、開朗和心胸寬廣，也會使對方意識到，自己也許是錯的。

亂拍馬屁，小心被踢

拍馬屁要有些技巧，沒有三兩下子可不能亂拍。拍錯了地方，不但話收不回來，人也會被馬踢得連翻幾個觔斗，可就出醜啦！

拍馬屁並不見得都是壞事，有時還是人際關係的潤滑劑，但是要拍得讓人舒服又不覺得肉麻，就有點學問了。

想拍馬屁，就要拍得精、拍得高明，巧妙之處在於輕輕地拍，巧妙地拍，拍得不臭不響，讓人覺得舒暢又開心。

如果練不好這種功夫，反而將別人的雞皮疙瘩拍落了一地，或是一不小心拍到馬腿上，惹得馬兒狂飆，還不如不拍！

有「太陽王」美譽的法國國王路易十四，平日喜歡寫詩自娛。有一次，路易十四寫了一首情詩，左看右看總覺得不是很好，這時，剛好元帥格拉蒙來晉見，他就將這首詩交給元帥。

他對元帥說：「格拉蒙，我覺得這首情詩寫得不好，你認為如何呢？」

格拉蒙很快看了看這首詩，隨即附和路易十四說：「誠如陛下所說的，這首詩簡直糟透了。」

路易十四一聽，扯著嘴角笑了笑說：「寫這首詩的人一定是個笨蛋。」

「是啊！絕對是個笨蛋。」格拉蒙在一邊附和。

路易十四正了臉色慢慢地說：「噢！謝謝你，其實這個笨蛋就是我。」

大元帥一聽臉色大變，馬上紅著臉說：「陛……陛下，讓我再看一遍，我剛才只是隨便瞧，沒有仔細看。」

馬屁拍得不巧妙還不要緊，最慘的是用力一拍，竟然拍到了人家的傷口處，讓人疼得哇哇大叫。

在不清不楚、模模糊糊的情況下，還是別逞強，省得一巴掌拍下去，反而激怒了馬兒，讓馬蹄給踢得四腳朝天！

政治人物難免需要新聞界的配合來宣揚他的理念。法國的政治家塔雷朗在一個宴會裡遇到了新聞界的權威人士威廉．柯貝特，為了與他建立良好的關係，便嘻嘻哈哈地說些笑話，攀點兒交情。

兩人說了一會兒話之後，塔雷朗忽然討好地對柯貝特說：「您是從牛津還是劍橋大學畢業的？」

他本來的用意是誇對方的學問好，必然系出名校，但是他並不知道柯貝特根本就沒有受過什麼高等教育，之所以成名，全是靠著自己的努力得來的。

這下馬屁可拍到馬腿上了，正觸痛了柯貝特的心事。

只見柯貝特笑臉一收，眉毛一揚大聲回答：「我可不是鱒魚，你再怎麼丟魚餌，我也不會上鉤的！」

不管稱拍馬屁爲恭維、迎合或是妥協，主要目的就是想要藉由這種方式，尋求最佳的溝通切入時機，讓雙方產生共識。

藉由這種表達方式，可以激發對方的好感，使得良好的對話氣氛得以延伸。有時候，眼見雙方就快要起爭執的時候，及時岔開話題恭維對方一番，也可以有效轉移目標，消除火藥味。

拍馬屁就像是調製一杯雞尾酒，覺得太辣了，就加上點兒甜酒；覺得有些淡，就加上點兒白蘭地。

必須注意的是，拍馬屁要有些技巧，沒有三兩下子可不能亂拍。

馬屁拍得生硬了，讓人覺得莫名其妙；拍得太明顯了，又讓人噁心；要是搞不清楚狀況，拍錯了地方，那就更慘了，不但話收不回來，人也會被馬踢得連翻幾個觔斗，可就出醜啦！

送禮必須送進心坎裡

禮物的價值不是以金錢的多少來衡量的，而是以禮物本身的意義展現它的價值。選擇禮物時要力求別出心裁，不落俗套。

送禮既然是一門藝術，自然有著約定俗成的規矩。送給誰、送什麼、怎麼送都有奧妙之處，絕不能瞎送、胡送、濫送。

根據古今中外一些成功的經驗和失敗的教訓，起碼我們應該注意下述原則。

1. 禮物輕重得當

一般來講，禮物太輕，又意義不大，很容易讓對方誤解為瞧不起他，尤其是對關係不算親密的人，更是如此。

但是，禮物太貴重，又會使接受禮物的人有受賄之嫌，特別是對上司、同事，更應注意。除了某些愛佔便宜的人外，一般人就很可能婉言謝絕，或即使收下，也會付錢，要不就是日後必定設法還禮，這樣豈不是強迫人家消費嗎？如果受禮人家中不甚寬裕，無異於給人出難題。

如果對方拒收，你錢已付出，留著無用，只是徒生許多煩惱，花錢找罪受，又是何苦呢？因此，禮物的輕重選擇以對方能夠愉快接受為尺度，記住「少花錢多辦事，多花錢辦好事」的原則。

2. 送禮間隔適宜

送禮的時間間隔也很講究，過於頻繁或間隔過長都不合適。

送禮者可能手頭寬裕，或求助心切，便經常大包小包地送上門去，有人以為這樣大方，可以博得別人的好感，但細想起來，其實不然。

如果受禮者是愛佔小便宜的人，他當面會說你好話，說不定暗地裡妒忌你的大手大腳，背後說你壞話。

正派的人，雖不會說什麼，卻可能會懷疑你這樣大方是爲了達到某種目的，不再與你深交。另外，禮尚往來，對方必然還情於你，豈不也增加了他的經濟負擔？

一般來說，以選擇重要節日、喜慶壽誕送禮爲宜。既不顯得送禮者突兀虛僞，受禮者收下禮物也較能心安理得，如此才是兩全其美。

3.瞭解風俗禁忌

送禮前應瞭解受禮人的身分、愛好、習慣，免得送禮送出麻煩來。

有個人去醫院看望病人，帶去一袋蘋果以示慰問，哪知惹出了麻煩。正巧那位病人是上海人，上海話「蘋果」跟「病故」二字發音相同，送去蘋果豈不是咒人病故？由於送禮人不瞭解情況，最後弄得不歡而散。

有鑑於此，送禮時，一定要考慮周全，以免節外生枝。

對文化素養高的知識分子，送去一幅蹩腳的書畫就很不識趣；送伊斯蘭教徒有豬的形象作裝飾圖案的禮品，可能會被人轟出來；送義大利人菊花，送日本人荷花，送法國人核桃，都會引起外賓的反感，切莫做此傻事！

4.禮品要有意義

禮物是感情的載體。任何禮物都表示送禮人的特有心意，或酬謝，或示賀，或孝敬，或憐愛，或情愛等等。所以，選擇的禮品必須與你的心意相符，並使受禮者覺得你的禮物非同尋常，備感珍貴。

最好的禮品是根據對方的興趣愛好所選擇的，富有意義或耐人尋味的小禮品。比如，爲住院的朋友送去一束鮮花，定能使他心情愉快，增強戰勝疾病的信心；爲遠方的同窗寄一冊母校的照片，定能喚起他對學生時代的美好回憶；爲愛好文學的朋友送上一套名著，必然使他欣喜若狂，愛不釋手；送給心上人一條漂亮的絲巾，她必會含情脈脈地依偎在你的懷中。

禮物的價值不是以金錢的多少來衡量的，而是以禮物本身的意義展現它的價值。因此，選擇禮物之時要考慮到它的藝術性、趣味性、紀念性等多方因素，力求別出心裁，不落俗套。

做人謙虛，更能掌控大局

越是才華出眾的下屬，越是應該慎重地處理與上司的關係。好比越是高大的樹木，越是應該埋下頭來，才不至於被風吹折。

做人處世最需要注意的是，不可恃才傲物。恃才傲物的人，就代表不會善待自己的才能，往往與別人的關係十分緊張。這不但爲自己帶來諸多不利，有時甚至招來殺身之禍。

三國時，在曹操軍營中擔任主簿的楊修，才華橫溢，思維敏捷，但由於他恃才傲物，屢犯曹操大忌。

有一回，塞北有人送給曹操一盒酥餅，曹操在盒上寫下「一合酥」三字，便放

在一邊。楊修看見後，隨即招呼眾人把這一盒酥分吃了，並解釋曹操的意思是「一人一口酥」。楊修雖然猜透曹操的心思，但讓曹操怎麼下得了台？

類似的事還重演了幾次，楊修一而再再而三地在人前賣弄自己的小聰明，終於，在又一次猜到了曹操要退兵的心思，到處散佈退兵言論時，被曹操以「擾亂軍心」的罪名處死了。

楊修為什麼會死？原因很簡單，就是因為他處處顯露自己的才幹，不懂尊重上司，為上司護航，更不願夾著尾巴做人。

古語有言：「木秀於林，風必摧之；堆出於岸，流必湍之；行高於人，眾必非之。」為人要謙虛誠懇，不可鋒芒畢露，盛氣凌人，要避免功高蓋主，名高欺主。越是才華出眾的下屬，越是應該慎重地處理與上司的關係。好比越是長得高大的樹木，越是應該埋下頭來，才不至於被風吹折。

恃才傲物的人，由於很難與上司融洽相處，因此也很難做出什麼業績來，往往最後陷入孤獨，不受同事們的歡迎。因此，造成人固有才，卻難得重任的情況發生，最後只能是碌碌無爲，沒有什麼傑出的發展。

爲人處世除了要避免恃才傲物之外，也要懂得靈活機巧的做事方法。

「只問耕耘，不問收穫」在今天似乎有些行不通了。越是「只問耕耘」的人，就越容易隱沒在人群中，上司根本無暇看到他們，對他們的表現與才能可能瞭解得不多、不深、不夠，評價自然就偏低些。

做個沉默者，往往便只有吃「虧」的份。不少人的確才華出衆，踏實肯幹，但上司卻並不認爲他們多有才能，原因就在於這些人不善於表現自己，溝通能力差。

那種自鳴得意、沒做成多少事卻嚷得全天下都知道的人，上司往往棄之不用。然而，不講求策略，只知盲目地做苦工的人，也不會有多少升遷機會。

最好的方式是要心明似鏡，樹立起明確的目標，然後適時表現，努力拼搏，並且該糊塗時就糊塗些，表現出「大智若愚」的氣度，上司自然會看出這一點。

善用談判技巧，最能達到成效

隱瞞自己的意圖，一旦摸清了所有情況，便一鼓作氣制定詳細的方案，突然出擊，取得了談判的最後勝利。

日常生活中，我們無可避免地會就某些事情進行談判。與上司討論自己的薪資問題、與房東談論租房事宜等等，這些都涉及談判。談判桌上的高手，往往精於使用謀略，使談判達成有利於自己的某種協議。

日本一家公司與美國某公司進行技術協作談判，談判開始，美方代表便拿出各種技術數據、談判專案、開銷費用等一大堆東西，滔滔不絕地發表意見，完全不顧日本公司代表的反應。

日本公司的代表則一言不發，只是仔細地聽並埋頭記錄。當美方單獨講了幾個小時之後，徵詢日方代表的意見時，日方代表裝作迷惘的樣子，反覆說「我們沒準備好」、「我們事先未確定技術資料」之類的話。

第一輪談判就這樣不明不白地結束了。

幾個月後，日本公司以前次談判團不稱職為由，撤換了談判代表，另派代表團到美國參加第二輪談判。這些代表不知前次談判的結果，一切和前次談判一樣，日本人顯得在這個項目中準備不足，技術基礎薄弱，信心不足，最後以還得回總公司討論為由，結束了第二輪談判。

接著，日本公司又如法炮製了一次談判，使得美國公司老闆大為惱火，認為日本人沒有誠意，輕視該公司的技術力量，下了最後通牒：如果半年後日本公司仍然如此，兩國公司的合作將取消。隨後美方解散談判代表團，封閉所有的技術資料，等待半年後的最後一次談判。

哪料想到，幾天以後日本就派出由前幾批談判代表團的首要人物，組成龐大的談判團飛抵美國。

美方在驚愕之餘倉促上陣，匆忙將原來的談判團成員召集起來。

這次談判日本人一反常態，帶來大量可靠的資料，對技術、人員、物品等有關事項都做了相當精細的策劃，並將協議書的擬稿交給了美方公司的代表簽字。

這次行動讓美國人迷惘了，最後勉強簽了字，當然，協議書所規定的某些條款明顯傾向於日方。事後，被日本人耍得團團轉的美方代表氣得大罵，說這是日本自「珍珠港」事件之後的又一次勝利。

顯然，精明的日本人在這場談判中利用瞞天過海之計耍了花招。前幾次談判，日本人裝出準備不足的樣子，隱瞞自己的意圖，實際上是在瞭解美方的計劃。一旦摸清了所有情況，便一鼓作氣制定詳細的方案，最後在美國人放鬆警惕的時候，突然出擊，取得了談判的最後勝利。

靈活運用心理戰
才是談判最高智

心理學家弗洛伊德曾經說過：

「任何人都無法保守他內心的秘密。即使他的嘴巴保持沉默，但他的指尖卻喋喋不
甚至他的每一個毛孔都會背叛他！」

把人看透透的

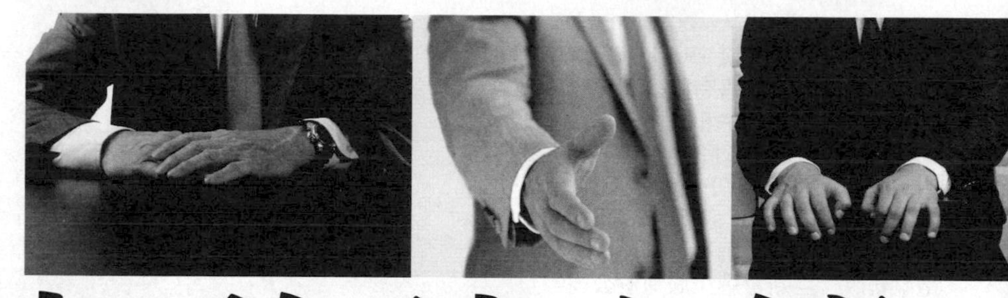

超強讀心術

Behavioral psychology you should know

楚映天

確實，一個人城府再深，也不可能徹底掩飾自己的全部心思；一個人再虛偽，也不可能永遠不露出自己的真面目。只要
一眼看透他人內心世界的智慧，不但可以識破對方的行為密碼，還能瞬間洞悉對方內心深處潛藏的玄機，使自己和對方
過程佔盡先機！

說話講謀略，做事講策略

作　　者　左逢源
社　　長　陳維都
藝術總監　黃聖文
編輯總監　王　凌
出 版 者　普天出版家族有限公司
新北市汐止區忠二街 6 巷 15 號
TEL / (02) 26435033 (代表號)
FAX / (02) 26486465
E-mail：asia.books@msa.hinet.net
http://www.popu.com.tw/
郵政劃撥 19091443 陳維都帳戶
總 經 銷　旭昇圖書有限公司
新北市中和區中山路二段 352 號 2F
TEL / (02) 22451480 (代表號)
FAX / (02) 22451479
E-mail：s1686688@ms31.hinet.net
法律顧問　西華律師事務所・黃憲男律師
電腦排版　巨新電腦排版有限公司
印製裝訂　久裕印刷事業有限公司
出 版 日　2020 (民 109) 年 7 月第 1 版
ISBN◉978-986-389-729-3　　條碼 9789863897293

國家圖書館出版品預行編目資料

說話講謀略，做事講策略／
左逢源著.—第 1 版.—：新北市,普天出版
民 109.07 面； 公分. - (智謀經典；29)
ISBN◉978-986-389-729-3 (平裝)

智謀經典

29